FRITZ-ACHIM BAUMANN

Die allgemeine untere staatliche
Verwaltungsbehörde im Landkreis

Schriftenreihe der Hochschule Speyer

Band 35

# Die allgemeine untere staatliche Verwaltungsbehörde im Landkreis

Von

Dr. Fritz-Achim Baumann

DUNCKER & HUMBLOT / BERLIN

Alle Rechte vorbehalten
© 1967 Duncker & Humblot, Berlin 41
Gedruckt 1967 bei Alb. Sayffaerth, Berlin 61
Printed in Germany

## Vorwort

Regierungsassessor Dr. iur. Fritz-Achim *Baumann*, z. Z. beim Innenministerium in Düsseldorf, hat während seiner Tätigkeit als wissenschaftlicher Assistent an der Hochschule für Verwaltungswissenschaften Speyer 1966 die Bearbeitung der „allgemeinen unteren staatlichen Verwaltungsbehörde im Landkreis" übernommen. Das Thema gehört zu den Untersuchungen, die im Forschungsinstitut der Hochschule zu Fragen der allgemeinen Landesverwaltung durchgeführt worden sind.

Die verwaltungswissenschaftliche Bestandsaufnahme der Probleme der allgemeinen unteren staatlichen Verwaltungsbehörde zeigt, daß die Länder Rheinland-Pfalz und Saarland das staatliche Landratsamt (mit gesetzlich geregelten Kommunalfunktionen) beibehalten haben; die Länder Baden-Württemberg, Bayern und Hessen haben den Landrat (trotz Kommunalisierung) gesetzlich durch Institutionsleihe als untere staatliche Verwaltungsbehörde mit der alten, inzwischen fortentwickelten, umfangreichen Zuständigkeit beauftragt; das Land Nordrhein-Westfalen hat in gleicher Weise den Oberkreisdirektor als untere staatliche Verwaltungsbehörde — nach Abweichung durch die britische Besatzungsmacht — zwar wiederhergestellt, aber auf die Ausübung staatlicher Aufsichtsbefugnisse begrenzt. Hier sind den allgemeinen unteren staatlichen Verwaltungsbehörden gesondert auch die Zuständigkeiten der Kreispolizeibehörden übertragen; außerdem bildet der Oberkreisdirektor zusammen mit dem staatlichen Schulrat das staatliche Schulamt. — Abwandlungen ergeben sich daraus, daß dem Kreisrat in Baden-Württemberg einige Mitwirkungsbefugnisse zustehen, in Hessen eine Informations- und Anhörungspflicht gegenüber dem Kreisausschuß in wichtigen Fällen besteht, in Nordrhein-Westfalen mehrere Aufsichtsentscheidungen der Zustimmung des Kreisausschusses bedürfen und in Rheinland-Pfalz der Kreisausschuß einige gesetzlich übertragene Geschäfte der allgemeinen Landesverwaltung führt. In den Ländern Niedersachsen und Schleswig-Holstein gibt es keine allgemeine untere staatliche Verwaltungsbehörde mehr; die früheren Landesaufgaben sind auf die Landkreise übertragen worden und werden als Weisungsangelegenheiten ausgeübt.

Die allgemeine Landesverwaltung ist also im Hinblick auf Behördenorganisation und Zuständigkeitsordnung in den Landkreisen nicht nur variationsreich geregelt, sondern weist deutlich ein Gefälle von Süd nach

Nord auf. Es ist daher kein Zufall, daß bei der Reformdiskussion um die Behörden der allgemeinen Landesverwaltung die Meinungen weit auseinandergehen. Zwar hat jedes Land die politische Entscheidung über seine Verwaltungsorganisation eigenverantwortlich zu treffen; die historische und vergleichende Übersicht, die hier vorgelegt wird, zeigt Übereinstimmungen und Abweichungen, die sehr unterschiedliche Ziele erkennen lassen. Als Modell stehen den Reformern nicht nur die extremen Lösungen in Schleswig-Holstein und im Saarland zur Verfügung; sie können auch unter Berücksichtigung der Verwaltungsorganisation der anderen Länder Maßstäbe für eine Neuordnung finden, falls im Zusammenhang mit Großkreisbildungen (und Verwaltungsregionen) Veränderungen aus politischer Sicht in Betracht gezogen werden. Zur Orientierung kann diese Untersuchung die erforderlichen Dienste leisten.

An dieser Stelle soll den Innenministerien und Landkreisverwaltungen sowie den Landkreistagen der Länder für die Bereitstellung organisationsrechtlicher Materialien besonders gedankt werden. Ohne die Benutzung zahlreicher Organisations- und Geschäftsverteilungspläne hätte diese Arbeit nicht vollendet werden können.

Speyer, den 1. Mai 1967

Prof. Dr. Dr. *Erich Becker*

# Inhalt

*Vorwort* .................................................... 5

A. *Ausgangspunkt und Ziel der Untersuchung* ................ 9

B. *Die allgemeine untere staatliche Verwaltungsbehörde im Landkreis* 11

   I. Kreis und allgemeine untere staatliche Verwaltungsbehörde in der geschichtlichen Entwicklung ..................... 11

      1. Die Entwicklung in Preußen ........................... 11
      2. Die Entwicklung in Bayern ............................ 18
      3. Überblick über die Entwicklung in anderen Ländern des Deutschen Reiches ........................................ 25
      4. Die Entwicklung in der Übergangszeit nach 1945 ....... 30

   II. Die gegenwärtigen Verknüpfungen von staatlicher und kommunaler Verwaltungsorganisation im Landkreis ................. 33

      1. Der Landkreis als staatlicher Verwaltungsbezirk ........ 33
      2. Kreisverwaltung und allgemeine untere staatliche Verwaltungsbehörde ........................................ 35
      3. Personelle Besetzung und innere Organisation der allgemeinen unteren staatlichen Verwaltungsbehörde ................ 37
         a) Der Behördenleiter ................................. 37
         b) Der Stellvertreter des Behördenleiters ............. 40
         c) Die übrigen Dienstkräfte ........................... 42
         d) Die innere Organisation der Behörde ............... 43
         e) Die Beteiligung des Kreisausschusses an der staatlichen Verwaltung ........................................... 45
      4. Eingliederung in die Organisation der Landesverwaltung .. 46
      5. Polizei und Schulamt .................................. 49
      6. Haftung für Amtspflichtverletzungen ................... 52
      7. Die Zuständigkeiten der allgemeinen unteren staatlichen Verwaltungsbehörde ....................................... 54
      8. Die Finanzierung der allgemeinen unteren staatlichen Verwaltungsbehörde ....................................... 59

III. Die Bedeutung der allgemeinen unteren staatlichen Verwaltungsbehörde für die Erfüllung staatlicher Aufgaben ............... 61

   1. Die Uneinheitlichkeit in der organisatorischen Gestaltung der unteren Verwaltungsebene ................................ 61

   2. Wahrnehmung staatlicher Aufgaben durch untere staatliche Verwaltungsbehörden oder durch kommunale Körperschaften 65

   3. Die Ausgestaltung der allgemeinen unteren staatlichen Verwaltungsbehörde ........................................ 72

C. *Ergebnis* ......................................................... 74

*Anhang* ............................................................ 75

*Literaturverzeichnis* ................................................ 114

## A. Ausgangspunkt und Ziel der Untersuchung

Die Landkreise und kreisfreien Städte bilden mit ihren Gebieten zugleich Bezirke des Staatsgebietes. Innerhalb ihrer Grenzen sind neben den kommunalen Aufgaben auch staatliche Aufgaben zu erfüllen. Die Erfüllung dieser staatlichen Aufgaben kann der Staat einmal dadurch bewirken, daß er sich der Gemeinden und Kreise bedient und ihnen die Erfüllung der Aufgaben aufträgt. Der Staat kann aber auch im Bereich der Landkreise und kreisfreien Städte eigene, staatliche Behörden zur Erfüllung seiner Aufgaben in der unteren Verwaltungsinstanz errichten. Die eigenen Behörden können dabei allgemeine Behörden mit einem Bündel von Zuständigkeiten oder Sonderbehörden mit speziellen Zuständigkeiten sein.

Bei der Organisation der unteren staatlichen Verwaltungsbehörden kann der Staat durch Gesetz Organe der kommunalen Gebietskörperschaften im Wege der sogenannten Organleihe als Staatsorgane in Anspruch nehmen und sie mit der Wahrung staatlicher Eigenzuständigkeiten betrauen. Andererseits kann er auch eigene staatliche Organe im Wege der Organverleihung den Kommunen nach Maßgabe gesetzlicher Vorschriften als kommunale Organe zur Verfügung stellen. In beiden Fällen stehen die Organwalter in doppelter Organstellung. Die Identität der Organwalter bewirkt eine Verknüpfung von staatlicher und kommunaler Verwaltung.

Die Länder der Bundesrepublik[1] haben von der Möglichkeit, die Erfüllung staatlicher Aufgaben im kommunalen Bereich zu bewirken, in sehr unterschiedlicher Weise Gebrauch gemacht. Eine einheitliche Regelung ist nur insoweit festzustellen, als alle Länder darauf verzichtet haben, im Bereich der kreisfreien Städte eigene staatliche Behörden der allgemeinen Landesverwaltung zu schaffen. Dagegen haben die meisten Länder eine enge Verbindung ihrer staatlichen Verwaltungsorganisation mit der kreiskommunalen Verwaltung für zweckmäßig gehalten und in den Landkreisen allgemeine untere staatliche Verwaltungsbehörden eingerichtet, die entweder mit der kommunalen Kreisverwaltung eine Einheitsbehörde mit Doppelcharakter bilden (Baden-Württemberg, Bayern, Rheinland-Pfalz) oder als selbständige Behörde in enger Verbindung mit

---

[1] Baden-Württemberg, Bayern, Hessen, Niedersachsen, Nordrhein-Westfalen, Rheinland-Pfalz, Saarland, Schleswig-Holstein; die Stadtstaaten Berlin, Bremen und Hamburg können in diesem Zusamenhang außer Betracht bleiben.

der kommunalen Kreisverwaltungsbehörde stehen (Hessen, Nordrhein-Westfalen, Saarland)[2].

Die vorliegende Untersuchung versucht zunächst, anhand der Darstellung einiger historischer Erscheinungsformen die Entwicklung der allgemeinen unteren staatlichen Verwaltungsbehörde im Landkreis aufzuzeigen. Die darauf folgende Übersicht über die in den einzelnen Ländern getroffenen unterschiedlichen organisatorischen Regelungen dieser Behörde soll die Möglichkeiten der Erfüllung staatlicher Aufgaben in der unteren Verwaltungsinstanz sichtbar machen. Diese Bestandsaufnahme wird anschließend unter verschiedenen Gesichtspunkten kritisch gewürdigt werden. Zweck der Untersuchung ist es nicht, eine bestimmte organisatorische Lösung vorzuschlagen. Es geht vielmehr allein darum, die Vorzüge, Nachteile und möglicherweise auch die Gleichwertigkeit verschiedener Lösungsmöglichkeiten darzulegen. Konkrete Vorschläge für Verwaltungsreformen in einzelnen Ländern können von einer allgemeinen vergleichenden Untersuchung nicht erwartet werden. Diese Beschränkung schließt es jedoch nicht aus, die bestehenden Regelungen kritisch zu prüfen.

---

[2] Die allgemeine untere staatliche Verwaltungsbehörde in Hessen, Nordrhein-Westfalen und im Saarland tritt als selbständige Behörde nach außen hin in Erscheinung, während die Landratsämter der drei anderen Länder Einheitsbehörden sind, deren Doppelcharakter in der Organisation der Behörde nicht sichtbar wird.

# B. Die allgemeine untere staatliche Verwaltungsbehörde im Landkreis

## I. Kreis und allgemeine untere staatliche Verwaltungsbehörde in der geschichtlichen Entwicklung

Ein Rückblick auf die Entstehungsgeschichte der allgemeinen unteren staatlichen Verwaltungsbehörde im Landkreis muß sowohl auf die Entwicklung der Staatsverwaltung als auch die Entfaltung der Kreisselbstverwaltung eingehen. Beide Entwicklungen sind aber nicht einheitlich, sondern nach Zeit und Ort sehr unterschiedlich verlaufen. Es soll im folgenden versucht werden, einige Schwerpunkte der unterschiedlichen Gestaltung der Verwaltungsorganisation der Landkreise im Wandel der Zeit aufzuzeigen. Dabei soll insbesondere die Entwicklung in den Ländern Preußen und Bayern untersucht werden. Über die Entwicklung in einigen anderen deutschen Ländern wird ein Überblick gegeben[1].

### 1. Die Entwicklung in Preußen

Die Mark Brandenburg war seit dem Ende des 12. Jahrhunderts in etwa 30 landesherrliche Verwaltungsbezirke, die Vogteien, eingeteilt. An der Spitze der Vogtei stand der markgräfliche Vogt, der vom Landesherrn ernannt wurde und sein Amt kraft persönlichen Auftrages des Markgrafen ausübte. Die Vogteiverfassung verfiel jedoch im Laufe der Zeit, insbesondere im 15. und 16. Jahrhundert. Die Ursache dafür lag darin, daß der Markgraf in zunehmendem Maße die landesherrlichen Vogteirechte (Einkünfte, Vogteigerichtsbarkeit, Polizeigewalt) veräußerte[2]. Das hatte zur Folge, daß die obrigkeitlichen Rechte von den Grundeigentümern immer mehr als Ausfluß des Grundeigentums in Anspruch genommen wurden und der Landesherr die ihm ursprünglich im gesamten Gebiet zustehenden Rechte nur noch als Eigentümer der Domänen und in deren Gebiet ausübte. Die Entwicklung führte also zu einer erheblichen Beeinträchtigung der landesherrlichen Gewalt in den Landbezirken.

---

[1] Ein eingehender Überblick über die geschichtliche Entwicklung der unteren staatlichen Verwaltungsbehörde in allen Ländern des Deutschen Reiches würde den Rahmen dieser Untersuchung, deren Schwergewicht in der Darstellung und Würdigung der gegenwärtigen Situation liegen soll, überschreiten.

[2] Bornhak, Geschichte des preußischen Verwaltungsrechtes, 1884/86 Bd. I, S. 105; von Unruh, Der Kreis, 1965, S. 20; Schöne, Werden und Sein der preußischen Landkreise, in: Jeserich, Die deutschen Landkreise, 1937, S. 1 ff. (6).

12  B. Die allgemeine untere staatliche Verwaltungsbehörde im Landkreis

Während die landesherrliche Gewalt verkümmerte, wuchs die Macht der Stände, denen insbesondere das Recht der Steuerbewilligung zukam. Die Landstände waren an der Landesverwaltung zunächst durch die Ständeversammlungen (Landtage) beteiligt, zu denen sie sich auf Einladung des Landesherrn zusammenfanden. Wegen der Umständlichkeit und Kostspieligkeit dieser Versammlungen wurden Ausschüsse gebildet, deren Mitglieder von den Landständen gewählt wurden. Die Wahl der Vertreter der Ritterschaft erfolgte in örtlichen Wahlbezirken, deren Bereich mit den Verwaltungsbezirken der landesherrlichen Exekutivbeamten, der sogenannten kurfürstlichen Landreiter, übereinstimmte. Für die Wahlbezirke bürgerte sich im Laufe der Zeit die Bezeichnung „Kreis" ein, die Versammlungen der Ritterschaft wurden „Kreisversammlungen" und später auch „Kreistag" genannt[3].

Die Versammlungen der Kreisstände entwickelten sich von einer zunächst sehr losen Verbindung zu einer festen Einrichtung, die neben den Ausschußwahlen auch andere Aufgaben wahrnahm. So gelang es den Kreisständen im 16. Jahrhundert, die wichtigsten Zweige der Steuerverwaltung und der lokalen Verwaltung an sich zu ziehen[4].

Im Laufe der Zeit erwies es sich als zweckmäßig, für den Kreis ein ständiges Organ, den Kreisdirektor, zu schaffen. Der Kreisdirektor wurde aus der Mitte des Kreistages gewählt. Ihm oblag zunächst lediglich die Einberufung und Leitung der Wahlversammlungen für den Landtagsausschuß. Später vertrat er selbst die Kreisstände in den Verhandlungen des Ausschusses und wurde zum Vermittler zwischen Landesherr und Kreisständen. Hinzu kam die Erfüllung kommunaler Aufgaben, wie der Armenfürsorge, des Feuersozietäts- und des Feuerlöschwesens sowie des Kreditwesens[5].

Nachdem im 16. Jahrhundert die Macht der Landesherren zugunsten des Einflusses der Patrimonialherren immer geringer geworden war, versuchte als erster der Kurfürst Joachim-Friedrich (1598—1608), dieser Entwicklung entgegenzuwirken. Er entsandte außerordentliche Beamte mit Spezialaufträgen in die Kreise. Ein solcher landesherrlicher Beamter war zum Beispiel der Kriegskommissar, dem die Aushebung von Truppen und

---

[3] Zu der Entwicklung im einzelnen vgl. Bornhak, a.a.O. Bd. 1, S. 269 ff.; Schöne, a.a.O. S. 7; von Unruh, a.a.O. S. 25; Halstrick, Die rechtliche Stellung des leitenden Verwaltungsbeamten in den Landkreisordnungen der Bundesländer unter gleichzeitiger Berücksichtigung der Entwicklung in der sowjetischen Besatzungszone, Dissertation (Köln) 1962, S. 5; Rasch, Die staatliche Verwaltungsorganisation, 1967, S. 223 ff.; Wagener, Gemeindeverbandsrecht in Nordrhein-Westfalen, 1967, S. 2.

[4] von Unruh, a.a.O. S. 25; Schöne, a.a.O. S. 8.

[5] Halstrick, a.a.O. S. 6; Schöne, a.a.O. S. 8; Gelpke, Die geschichtliche Entwicklung des Landratsamtes der preußischen Monarchie, 1902, S. 16 ff.; von Unruh, a.a.O. S. 27.

## I. Kreis in der geschichtlichen Entwicklung

die Sorge für deren Verpflegung oblag[6]. Neben den Kriegskommissaren entsandte der Kurfürst aber auch Kommissare, die Beschwerden entgegennehmen und Streitigkeiten zu schlichten versuchen sollten[7].

Im Laufe des 30jährigen Krieges wurden die landesherrlichen Kommissare zu einer ständigen Einrichtung. Der Kurfürst, dem es darauf ankam, daß die Kommissare mit den örtlichen Verhältnissen vertraut waren, ernannte in der Regel ein Mitglied der Kreisstände zum Kommissar. In der zweiten Hälfte des 17. Jahrhunderts kam es zu einer Vereinigung der Ämter des ständischen Kreisdirektors und des landesherrlichen Kommissars. Die Amtsinhaber hatten nunmehr eine Doppelfunktion, ihnen oblag die Erfüllung sowohl kommunaler als auch staatlicher Aufgaben[8].

Einen gewissen Abschluß der Entwicklung des ständigen Exekutivorgans im Kreis brachte das Jahr 1701. König Friedrich I. entsprach durch königliches Reskript vom 27. Dezember 1701 einer Bitte sämtlicher „Landesdirectores und Commissarii der Chur- und Mark Brandenburg dies- und jenseits der Elbe und Oder vom 27. Juni 1701" und gewährte ihnen den Titel „Landrat". Diese Bezeichnung hatten ursprünglich die aus den Landständen bestellten Berater des Kurfürsten geführt, sie war aber in Pommern und im Herzogtum Magdeburg bereits für die Mitglieder einiger ständiger Ausschüsse der Landstände verwendet worden[9].

Im 18. Jahrhundert wuchs der staatliche Geschäftsbereich der Landräte erheblich. Neben den überkommenen Funktionen auf dem Gebiet des Steuer- und Militärwesens umfaßte ihre Tätigkeit bald alle Gebiete, auf die sich die Polizeiverwaltung im weitesten Sinne erstreckte (insbesondere Bau-, Feuer-, Wegepolizei, Seuchenbekämpfung, Gesundheits- und Veterinärpolizei, Armenwesen). Dazu kamen die Pflege des Schulwesens, der Landwirtschaft und andere Pflichten[10]. Im Jahre 1723 wurden die Landräte als Behörden in die Verwaltungsorganisation des Landes eingeordnet und den Kriegs- und Domänenkammern unterstellt[11]. Den Kreisständen verblieb das Präsentationsrecht, das in der Weise ausgeübt

---

[6] Cantner, Verfassungsrecht der Landkreise, in: Handbuch der kommunalen Wissenschaft und Praxis, Band 1, 1956, S. 409 ff. (412).
[7] von Unruh, a.a.O. S. 27.
[8] Schöne, a.a.O. S. 9; Halstrick, a.a.O. S. 7 f.; Schoen, Deutsches Verwaltungsrecht, Allgemeine Lehren und Organisation, in: Holtzendorff-Kohler, Enzyklopädie der Rechtswissenschaft, 7. Aufl., Band 4, 1914, S. 193 ff. (224); Peters, Die allgemeine Problematik der heutigen Kreisverfassung als Ergebnis geschichtlicher Entwicklung, in: Aktuelle Probleme des Verfassungsrechts im Landkreis 1953 S. 3 ff. (5).
[9] von Unruh, a.a.O. S. 38, 42; Halstrick, a.a.O. S. 8; Schöne, a.a.O. S. 10; Knaut, Geschichte der Verwaltungsorganisation, 1961, S. 79.
[10] von Unruh, Der Landrat, 1966, S. 29, 31; Tapolski, Die Entwicklung des Landkreises, Jahrbuch für Kommunalwissenschaft 1935, 2. Halbjahresband, S. 53 ff.
[11] Gelpke, a.a.O. S. 61 ff.

14  B. Die allgemeine untere staatliche Verwaltungsbehörde im Landkreis

wurde, daß die Stände drei Angehörige des kreisangesessenen Grundadels als Kandidaten vorschlugen. Nach Billigung der Kandidatur durch den König wählten die Stände den Landrat. Die Wahl bedurfte der Bestätigung des Königs[12]. Die Landesherren haben in der Regel das Präsentationsrecht der Stände respektiert. Sie legten Wert darauf, die Kenntnisse der örtlichen Verhältnisse zu nutzen und sahen in dem aus dem kreisangesessenen Adel stammenden Landrat ein wertvolles Bindeglied zwischen Staatsregierung und Ritterschaft[13].

Die Kreisverwaltungsorganisation, die unter Friedrich II. in fast allen preußischen Landesteilen eingeführt wurde, blieb auch nach Ende seiner Regierungszeit zunächst unverändert. Die Ereignisse in Preußen zu Anfang des 19. Jahrhunderts hatten allerdings eine Umgestaltung des Kreisverfassungsrechts erwarten lassen. In Preußen waren nach dem Zusammenbruch im Jahre 1807 die Beziehungen zwischen den Gutsherren und ihren Hintersassen durch das Edikt betreffend den erleichterten Besitz und den freien Gebrauch des Grundeigentums sowie die persönlichen Verhältnisse der Landbewohner vom 9. Oktober 1807 („Emanzipationsedikt") und die Edikte vom 14. September 1811 grundlegend verändert worden. Aus Hörigen waren freie Bürger geworden. Damit waren die Voraussetzungen für eine gründliche Staatsreform geschaffen. Für die Städte erging auch bereits am 19. November 1808 die Städteordnung; es hätte nahegelegen, die Verwaltungsorganisation im Kreis parallel dazu neu zu ordnen. Stein, der auch hinsichtlich der Kreise Reformpläne hatte[14], erhielt jedoch am 24. November 1808 den Abschied aus dem Staatsdienst, und das begonnene Reformwerk blieb zunächst unvollendet.

Einen neuen Versuch zur Reform des Kreisverfassungsrechts unternahm Hardenberg, der Nachfolger des Freiherrn vom Stein. Unter seiner Verantwortung erging am 30. Juli 1812 das „Edikt über die Bildung der Kreisdirektorien und der Gendarmerie"[15]. Im Gegensatz zu den Vorstellungen Steins kam es Hardenberg darauf an, den Einfluß des Landesherrn im ganzen Land zu stärken und die ständischen Einflüsse zurückzudrängen. Der Kreisdirektor (dieser Titel wurde an Stelle des Landratstitels wieder eingeführt) sollte ein ohne jede Mitwirkung der Kreisbewohner bestellter Landesbeamter sein. Er sollte die gesamte innere Staatsverwaltung im Landkreis führen. Für die Verwaltung der kommu-

---

[12] Heim, Die Landkreise im Wandel der Zeit, in: Die Landkreisordnungen in der Bundesrepublik 1960 S. 7 ff. (9); von Unruh, a.a.O. S. 47 f.; Bornhak, a.a.O. Band II, S. 25 ff.

[13] Schöne, a.a.O. S. 10 f.

[14] von Meier, Die Reform der Verwaltungsorganisation unter Stein und Hardenberg, 1912, S. 325 ff.; von Unruh, a.a.O. S. 75 ff.; ders., (Landrat), S. 33 ff.; Stein, Die Stellung der Landkreise, ihre Aufgaben und deren Finanzierung, Dissertation (Marburg) 1960, S. 7.

[15] Gesetzessammlung S. 141.

## I. Kreis in der geschichtlichen Entwicklung

nalen Angelegenheiten des Kreises waren dem Kreisdirektor sechs Deputierte beigegeben, von denen zwei auf die Städte, zwei auf die Rittergutsbesitzer und zwei auf den Bauernstand entfielen. — Das Edikt verursachte wegen seiner zentralistischen Züge heftige Auseinandersetzungen[16], die den König schließlich veranlaßten, es am 19. Mai 1814 zu suspendieren und am 30. April 1815[17] endgültig außer Kraft zu setzen. Damit wurde der Rechtszustand aus der Zeit des Absolutismus wiederhergestellt.

Eine gesetzliche Neuregelung der Kreisverfassung erfolgte in den Jahren 1825—1828, in denen die fast gleichlautenden Kreisordnungen für die einzelnen Provinzen ergingen[18]. Die provinziellen Kreisordnungen wahrten im wesentlichen die überlieferte Kreisverfassung. Die Änderungen der Sozialstruktur fanden keine Berücksichtigung. Zwar war neben den Gutsbesitzern und den Städten auch der Bauernstand der Landgemeinden in den Kreistagen vertreten, doch erhielten die Rittergutsbesitzer auf den Kreistagen aller Provinzen ein zahlenmäßiges Übergewicht über die Vertreter der Städte und Landgemeinden[19]. Hinsichtlich der Besetzung der Landratsämter stand den Kreisversammlungen in der Regel[20] das Recht zu, drei Kandidaten für das Landratsamt zu präsentieren, von denen der König einen für das Amt ernannte.

Die Ereignisse des Jahres 1848 hatten u. a. zur Folge, daß in Artikel 104 der oktroyierten Verfassung vom 5. Dezember 1848[21] und in Artikel 105 der revidierten Verfassung vom 30. Januar 1850[22] eine Neuregelung der Kreisverfassung vorgesehen wurde. In Ausführung dieser Vorschriften erging am 11. März 1850[23] die „Kreis-, Bezirks- und Provinzialordnung für den Preußischen Staat". Dieses Gesetz sah vor, daß die Kreisversammlung aus 15 bis 40 Abgeordneten bestehen sollte, die durch die Gemeindevertretungen zu wählen waren, mindestens zur Hälfte aber

---

[16] Vgl. Tapolski, a.a.O. S. 61 ff.; Schöne, a.a.O. S. 12 ff.; von Unruh, a.a.O. S. 92 ff.; ders., (Landrat), S. 39; von Meier, a.a.O. S. 405 ff.; Wagener, Die Städte im Landkreis, 1955, S. 22; Stein, a.a.O. S. 9.

[17] Gesetzessammlung S. 85.

[18] Kreisordnungen für die Kur- und Neumark vom 17. 8. 1825 (GS S. 203), für Pommern vom 17. 8. 1825 (GS S. 217), für die Provinz Sachsen vom 17. 5. 1827 (GS S. 54), für Schlesien vom 2. 6. 1827 (GS S. 71), für die Rheinprovinz und Westfalen vom 15. 7. 1827 (GS S. 117), für die Provinz Preußen vom 17. 3. 1828 (GS S. 34), für Posen vom 20. 12. 1828 (GS 1829 S. 3).

[19] Durchschnittlich enfielen auf etwa zehn Stimmen der Rittergutsbesitzer je eine Stimme der Städte und Landgemeinden, vgl. Tapolski, a.a.O. S. 65.

[20] In den Kreisen Brandenburgs, Pommerns und der Lausitz stand das Präsentationsrecht ausschließlich den Rittergutsbesitzern zu, von Unruh, a.a.O. S. 107.

[21] GS S. 375.

[22] GS S. 17.

[23] GS S. 251.

Grundbesitzer sein mußten (Artikel 6). In der neuen Kreisordnung erscheint erstmalig neben der Kreisversammlung als weiteres Kreisorgan der aus vier von der Kreisversammlung aus ihrer Mitte gewählten Mitgliedern und dem Landrat als Vorsitzenden bestehende Kreisausschuß (Artikel 4, 20). Der Landrat wurde ohne Beteiligung des Kreises vom König ausgewählt und ernannt (Artikel 1). — Die Reaktion gegen diese neue Kreisordnung war so stark, daß die Durchführung des Gesetzes durch Kabinettsorder vom 19. Juni 1852 untersagt, das Gesetz selbst und der Artikel 105 der Verfassung am 24. Mai 1853[24] aufgehoben wurden.

Erst nach der Gründung des Deutschen Reiches kam es zu einer Neuordnung des preußischen Kreisverfassungsrechts. Am 13. Dezember 1872 erging die Kreisverordnung für die Provinzen Preußen, Brandenburg, Pommern, Posen, Schlesien und Sachsen[25], die durch die dritte Verwaltungsreform ergänzt und am 19. März 1881 als Neufassung veröffentlicht wurde[26]. In den Jahren 1873 bis 1888 folgten in den übrigen Gebieten Preußens gleichartige Kreisordnungen[27]. Durch das neue Kreisverfassungsrecht wurde der beherrschende Einfluß der Gutsbesitzer gebrochen. Die Kreisverordneten wurden von den in drei Wahlverbänden zusammengeschlossenen Gruppen der größeren ländlichen Grundbesitzer, der Städte und der Landgemeinden gewählt. Zu dem Verband der größeren Grundbesitzer gehörten auch die bedeutenderen Gewerbetreibenden und Bergwerkbesitzer, zu dem Verband der Landgemeinden die Grundbesitzer und Gewerbetreibenden der nächsten Größenordnung (§ 87 der Kreisordnung für die östlichen Provinzen). — Das eigentliche Verwaltungsorgan des Kreises war nunmehr der Kreisausschuß, der aus sechs Mitgliedern bestand, die vom Kreistag zu wählen waren, aber nicht selbst Kreistagsmitglieder zu sein brauchten. Stimmberechtigter Vorsitzender des Kreisausschusses war der Landrat; der Kreisausschuß war gleichzeitig Kommunalorgan, Behörde der allgemeinen Landesverwaltung und Verwaltungsgericht (§§ 130 ff. der Kreisordnung). Die Doppelstellung des Landrats, der vom Kreistag vorgeschlagen und vom König ohne Bindung an den Vorschlag ernannt wurde, blieb erhalten. Er war Staatsbeauftragter mit eigenem Zuständigkeitsbereich und gleichzeitig leitender Beamter des Kreises. Für die sogenannten Beschlußsachen war ihm der Kreisausschuß als kollegiales Verwaltungsorgan beigegeben. Als Staatsorgan nahm der Landrat auch den Vorsitz im Kreisausschuß als Verwaltungsgericht wahr.

---

[24] GS S. 228, 238.
[25] GS S. 661.
[26] GS S. 155.
[27] Kreisordnungen für die Rheinprovinz vom 30. 5. 1887 (GS S. 209), für Westfalen vom 31. 7. 1886 (GS S. 217), für Schleswig-Holstein vom 26. 5. 1888 (GS S. 139), für Hannover vom 6. 5. 1884 (GS S. 181), für Hessen-Nassau vom 7. 6. 1885

## I. Kreis in der geschichtlichen Entwicklung

In den folgenden Jahren wuchsen die kommunalen Aufgaben des Kreises (zum Beispiel Bau von Krankenhäusern, Straßenbau) stark an, desgleichen die Zuständigkeiten des Landrats in seiner Eigenschaft als Staatsbehörde. Sein Pflichtenkreis umfaßte alles, was im Bereich seines Verwaltungsbezirks keiner Sonderbehörde zugewiesen war, insbesondere die Kommunalaufsicht, die Polizeiaufsicht, die Jagd- und Wegepolizei und die Wahrnehmung der Aufgaben des Vorsitzenden des Versicherungsamtes[28].

Der Umsturz von 1918 blieb nicht ohne Auswirkungen auf die preußische Kreisverfassung. Durch das „Gesetz betreffend die Wahlen zu den Provinziallandtagen und zu den Kreistagen" vom 3. Dezember 1920[29] wurde für den Kreistag die allgemeine, geheime und unmittelbare Wahl eingeführt. Damit wurden die direkten Beziehungen zwischen dem Kreis und seinen Einwohnern verstärkt, die Verbindungen zu den Gemeinden als Verbandsmitgliedern des Kreises dagegen geschwächt. — Die Doppelstellung des Landrats als staatliches und kommunales Organ blieb erhalten. Er wurde nunmehr vom Staatsministerium ernannt[30]. Durch Verordnung vom 26. Februar 1919[31] wurde die Staatsregierung ermächtigt, den Landrat jederzeit in den Ruhestand zu versetzen. Von besonderer verwaltungsorganisatorischer Bedeutung ist aus der Weimarer Zeit die Verordnung zur Vereinfachung und Verbilligung der Verwaltung vom 3. September 1932[32]. In dieser Verordnung wurde den Vorstehern der staatlichen Sonderbehörden (wie Eichamt, Katasteramt, Hochbauamt, Gewerbeaufsichtsamt, Gesundheitsamt, Kreistierarzt, Schulamt, Kulturamt, Wasserbauamt) die Pflicht auferlegt, mit dem Landrat ständig Fühlung zu halten. Der Landrat hatte die Vereinbarkeit der Interessen der allgemeinen Landesverwaltung mit der Geschäftsführung der staatlichen Sonderbehörden zu überwachen. Er konnte bei fehlendem Einvernehmen die Entscheidung des Regierungspräsidenten einholen und war bei Gefahr im Verzuge sogar befugt, in den Fachbereichen der Sonderbehörden einstweilige Anordnungen zu treffen (§ 12). Außerdem war die Möglichkeit vorgesehen, staatliche Sonderbehörden im Landkreis mit dem Landrat zu einem Kreisamt zusammenzuschließen (§ 13). Von dieser Möglich-

---

(GS S. 193) [sowie Hohenzoll. Amts- und Landesordnung vom 2. 4. 1873 (GS S. 145)].

[28] Über die einzelnen staatlichen Zuständigkeiten des Landrats und des Kreisausschusses vgl. Zuständigkeitsgesetz vom 1. August 1833 (GS S. 237) und die Übersichten bei von Stengel, Die Organisation der preußischen Verwaltung nach den neuen Reformgesetzen, 1884, S. 339 f., S. 389 ff., S. 573 ff.

[29] GS 1921 S. 1.

[30] § 12 der Verordnung betreffend die Zusammensetzung der Kreistage und einige weitere Änderungen der Kreisordnungen vom 18. 2. 1919, GS S. 23.

[31] § 3 der Verordnung betreffend die einstweilige Versetzung des unmittelbaren Staatsbeamten in den Ruhestand, GS S. 33.

[32] GS S. 283.

## 18 B. Die allgemeine untere staatliche Verwaltungsbehörde im Landkreis

keit wurde in einigen Kreisen insoweit Gebrauch gemacht, als Schulämter geschaffen wurden, die aus dem Schulrat und dem Landrat bestanden.

Die erste Änderung des Kreisrechts im nationalsozialistischen Staat war die Übertragung der Zuständigkeiten des Kreistages auf den Kreisausschuß[33]. Der Kreisausschuß selbst wurde in seiner Eigenschaft als staatliches Beschlußorgan durch Gesetz vom 15. Dezember 1933[34] beseitigt. Seine Zuständigkeiten wurden auf den Landrat übertragen. Die Zuständigkeit des Kreisausschusses in Verwaltungsstreitsachen ging auf das nun errichtete Kreisverwaltungsgericht mit dem Landrat als Vorsitzenden über[35].

Weitere Veränderungen für die Verwaltungsorganisation Preußens und der anderen deutschen Länder brachten mehrere reichsrechtliche Vorschriften. Durch die Dritte Neuaufbauverordnung vom 28. November 1938[36] wurden in ganz Deutschland die preußischen Bezeichnungen „Landkreis" und „Landrat" für die ländlichen Verwaltungsbezirke und deren leitende Verwaltungsbeamte eingeführt. Das Reichsgesetz über die Vereinheitlichung im Behördenaufbau vom 5. Juli 1939[37] schrieb vor, daß neue Aufgaben des Reiches und der Länder, die in der Mittel- und Unterstufe durch die staatliche Verwaltung wahrgenommen werden sollten, den Behörden der allgemeinen Verwaltung zu übertragen waren, sofern sie nicht wegen ihrer Wesensverwandtschaft in den Aufgabenkreis bereits bestehender Sonderverwaltungen fielen. Durch die Verordnungen des Ministerrats für die Reichsverteidigung vom 26. September 1939[38] und vom 28. Dezember 1939[39] wurden die Beschlußzuständigkeiten und Anhörungsrechte der Vertretungsorgane und kollegialen Gremien aufgehoben, die Verantwortung für die ordnungsgemäße Erfüllung aller Aufgaben der staatlichen und kommunalen Verwaltung ausschließlich dem Landrat übertragen und damit das Führerprinzip auch im Bereich der Landkreise eingeführt.

### 2. Die Entwicklung in Bayern

Die wittelsbachischen Herzöge bemühten sich bereits in der ersten Hälfte des 13. Jahrhunderts, durch Einteilung ihres Herzogtums in Verwal-

---

[33] Gesetz vom 17. 7. 1933 über die Übertragung von Zuständigkeiten der Provinzial- (Kommunal)-Landtage, der Verbandsversammlungen des Siedlungsverbandes Ruhrkohlenbezirk und der Kreistage auf die Provinzial- (Landes)-Ausschüsse, den Verbandsausschuß und die Kreisausschüsse, GS S. 257.
[34] Gesetz über die Anpassung der Landesverwaltung an die Grundsätze des nationalsozialistischen Staates, GS S. 479.
[35] Die Zweite Verordnung über die Vereinfachung der Verwaltung vom 6. 11. 1939 (RGBl. S. 2163) schaffte die Kreisverwaltungsgerichte ab und übertrug ihre Aufgaben der unteren Verwaltungsbehörde.
[36] RGBl. I S. 1675.
[37] RGBl. I S. 1197.
[38] RGBl. I S. 1981.
[39] RGBl. 1940 I S. 45.

## I. Kreis in der geschichtlichen Entwicklung

tungsbezirke (Ämter)[40] ein festes Fundament des aus alten und neuerworbenen Gebietsteilen gebildeten Staates zu legen. Von besonderer Bedeutung für den Erfolg dieser Bemühungen war die Ersetzung der mit der Gerichtsbarkeit und den Verwaltungsfunktionen belehnten Grafen oder ihrer Organe durch vom Landesherrn ernannte Beamte. Diese Beamten übten in den zunächst „Ämter", später „Landgerichte" oder auch „Pflegen" genannten Verwaltungsbezirken die richterliche, administrative und militärische Gewalt des Landesherrn aus. Sie wurden als „Landrichter" bezeichnet. Seit dem Ende des 13. Jahrhunderts trat neben den Landrichter der Pfleger, der bald eine Vorrangstellung erlangte. Im allgemeinen war der Landrichter auf den gerichtlichen Teil der Amtsgeschäfte beschränkt, während der Pfleger die Verwaltungsfunktionen ausübte, es gab aber auch Bezirke, in denen ein Beamter allein sämtliche Geschäfte besorgte[41].

Die Pfleger, die anfangs nur Verwalter der herzoglichen Burgen und militärische Führer gewesen waren, hatten neben der Rechtspflege, die in der Regel die ihnen beigegebenen Landrichter wahrnahmen, auch militärische Pflichten und umfassende Zuständigkeiten in allen Bereichen der inneren Verwaltung. So oblag dem Pfleger die „Polizei" im weitesten Sinne dieses Begriffes, also einschließlich Schulwesen, Gesundheits- und Armenfürsorge, Gewerbe, Handel, Landwirtschaft, Meßwesen, Wege- und Baupolizei[42]. Die Machtfülle der Pfleger war sehr groß, und die Gefahr eines Mißbrauchs ließ sich nicht ausschalten, zumal die Dienstaufsicht sich recht schwierig gestaltete[43].

Der Bruch mit lehnsrechtlichen Vorstellungen des Hochmittelalters und die Schaffung eines Berufsbeamtentums sowie die straffe Gliederung der Verwaltungsbezirke und Behörden förderten die Schlagkraft der zentralen Herrschaftsgewalt des Landesherrn. Die Verwaltungsorganisation war ein Hauptfaktor für die gegenüber anderen Territorien sehr frühe Ausbildung und Befestigung der landesherrlichen Gewalt in ganz Bayern[44].

Die so frühzeitige Einschränkung feudalistischer Einflüsse war jedoch auch in Bayern nicht von Dauer. Finanzielle Schwierigkeiten gaben den

---

[40] Rosenthal, Geschichte des Gerichtswesens und der Verwaltungsorganisation Baierns, Band I, 1889, S. 51 f., 322 ff.
[41] Rosenthal, a.a.O. S. 52 ff., 323 f.; Stadler, Der Weg zur Selbstverwaltung der bayerischen Landkreise, 1962, S. 15; Fricke, Die bayerischen Landkreise. Geschichtliche Entwicklung, Wesen und Rechtsstellung, Dissertation (München) 1963, S. 6.
[42] Über weitere Pflichten der Pfleger, insbesondere auch im Bereich der Wahrnehmung landesrechtlicher Kirchenhoheitsrechte, vgl. Rosenthal, a.a.O. S. 328 ff.
[43] Stadler, a.a.O. S. 19.
[44] Rosenthal, a.a.O. S. 344.

Ständen die Möglichkeit, ihren Einfluß zu vergrößern. Für die vom Landesherrn zu erfüllenden Aufgaben genügten die Erträge der Domänen und Regalien und der öffentlich-rechtlichen „Bede" nicht, die Erhebung von Steuern setzte aber nach der damaligen Rechtsauffassung das Einverständnis der Grundherren voraus, die sich ihre Zustimmung nur für Gegenleistungen abringen ließen. Neben dem Einfluß auf das Finanzgebaren des Landesherrn erlangten die Stände ihre Beteiligung an der Gesetzgebung, an der auswärtigen Politik sowie Anteil an der Gerichts- und Polizeihoheit[45].

Die Verwaltungsorganisation blieb trotz des wachsenden Einflusses der Stände in ihren Grundlagen erhalten, doch wurde — insbesondere im Laufe des 16. Jahrhunderts — der landesherrliche Einfluß durch Verpfändungen von Ämtern an Gläubiger des Herzogs oder durch Verleihung von Pflegen an verdiente Hofbeamte geschwächt. Immerhin wurde den Amtsinhabern, die in der Regel nicht selbst die Pflege wahrnahmen, auferlegt, die persönlichen und sachlichen Voraussetzungen für eine geordnete Verwaltung und Gerichtsbarkeit sicherzustellen. Der Nachteil, daß die Vollziehung der staatlichen Angelegenheiten durch Beamte erfolgte, die nicht der Landesherr ernannt hatte, und die Gefahr einer egoistischen Ausbeutung durch die Pfleger wurden zum Teil dadurch wettgemacht, daß die Zentral- und Mittelbehörden inzwischen die Kontrolle der unteren Verwaltungsinstanz verstärkt hatten[46]. Gleichwohl hatte dieses System in Gerichtsbarkeit und Verwaltung zahlreiche Mißstände zur Folge, deren Bekämpfung durch den Herzog und seine Zentralbehörden im 17. und 18. Jahrhundert ohne anhaltenden Erfolg blieb[47].

Nach der vollständigen Vereinigung der wittelsbachischen Lande beiderseits des Rheins zu Beginn des 19. Jahrhunderts ergab sich die Notwendigkeit, aus der Vielfalt der Gerichts- und Verwaltungsgliederungen der einzelnen Landesteile ein einheitliches Staatsgefüge zu formen. Dabei konnte die in ihrer Grundkonzeption bewährte Behördenorganisation des Herzogtums Bayern auf die hinzugewonnenen Landesteile übertragen werden.

Unter der Leitung des Staatsministers Montgelas, des großen Reformators des bayerischen Staates, wurde das Staatsgebiet in zunächst (1808) 15[48], später (1810) neun[49] und schließlich (1817) acht[50] Kreise[51] gegliedert.

---

[45] Stadler, a.a.O. S. 43.
[46] Rosenthal, a.a.O. S. 344 ff.
[47] Rosenthal, a.a.O. Band II, S. 90 ff.
[48] Konstitution für das Königreich Bayern vom 1. 5. 1808, RBl. S. 985.
[49] Verordnung vom 23. 9. 1810, RBl. S. 809.
[50] Verordnung vom 20. 2. 1817, RBl. S. 113.
[51] Ober- und Niederbayern, Oberpfalz (und Regensburg), Ober-, Mittel- und Unterfranken, Schwaben (und Neuburg) und Pfalz.

## I. Kreis in der geschichtlichen Entwicklung

Als staatliche Mittelbehörden wurden für jeden Kreis Generalkreiskommissariate geschaffen, die in Umfang und Kompetenz etwa mit den preußischen Regierungen vergleichbar waren[52].

Für die unteren Staatsbehörden war durch die „Verordnung über die Einrichtung der Landgerichte" vom 24. März 1802[53] die einheitliche Bezeichnung „Landgericht" eingeführt worden. Die für Justiz und Verwaltung gleichzeitig zuständigen Landgerichte waren mit einem juristisch vorgebildeten Landrichter, einem Aktuar gleicher Ausbildung und weiteren Beamten besetzt. Im linksrheinischen Bayern (Rheinpfalz) wurden 1817 12 Landkommissariate ausschließlich als Verwaltungsbehörden (also ohne Rechtspflege) errichtet[54]. Die Trennung von Justiz und Verwaltung erfolgte dagegen im rechtsrheinischen Bayern erst durch das Gesetz über die Gerichtsverfassung vom 10. November 1861[55] und die „Verordnung die Einrichtung der Distriktsverwaltungsbehörden betreffend" vom 24. Februar 1862[56]. Unter der Bezeichnung „Bezirksämter" entstanden reine Verwaltungsbehörden[57]. Der Behördenleiter mußte die Befähigung für den höheren Justiz- und Verwaltungsdienst besitzen. Er führte den Titel „königlicher Bezirksamtmann", nach dem ersten Weltkrieg „Bezirksoberamtmann". Das Gebiet der Bezirksämter umfaßte ein bis vier Landgerichtsbezirke[58]. Die Bezeichnungen „Bezirk", „Bezirksamt" und „Bezirksoberamtmann" wurden beibehalten, bis durch die „Verordnung über den Neuaufbau des Reiches" vom 28. November 1938[59] in Angleichung an die entsprechenden preußischen Bezeichnungen Umbenennungen in „Landkreis"[60], „Landratsamt" und „Landrat" erfolgten.

Die bayerischen Landgerichte und Bezirksämter waren staatliche Behörden ohne ständische oder kommunale Einflußmöglichkeiten. Ihre Verwaltungsbereiche boten sich jedoch als räumliche Anknüpfungspunkte für überörtliche kommunale Verbände an.

Eine übergemeindliche Zusammenarbeit mehrerer Gemeinden zur Erfüllung einzelner gemeinsamer Aufgaben hatte es schon lange Zeit ge-

---

[52] Fricke, a.a.O. S. 7; Gestering, Die Landkreise in Bayern, in: Jeserich, Die deutschen Landkreise S. 108 ff. (109).
[53] RBl. S. 236, 249.
[54] Gestering, a.a.O. S. 109.
[55] GBl. 1861/62 S. 209.
[56] Karl Weber, Neue Gesetz- und Verordnungssammlung für das Königreich Bayern mit Einschluß der Reichsgesetzgebung, 1880 ff., Band V, S. 589.
[57] Die rheinpfälzischen Landkommissariate erhielten im Jahre 1862 ebenfalls die Bezeichnung „Bezirksämter".
[58] Den 249 Landgerichten standen 142 Bezirksämter gegenüber, Stadler, a.a.O. S. 59.
[59] RGBl. I S. 1675.
[60] Analog dazu verloren die Regierungsbezirke ihre althergebrachte Bezeichnung „Kreis".

## 22  B. Die allgemeine untere staatliche Verwaltungsbehörde im Landkreis

geben, bevor durch die „Verordnung die besonderen Umlagen für die Gemeindebedürfnisse betreffend" vom 6. Februar 1812[61] diesen sehr losen Zusammenschlüssen eine legislative Grundlage gegeben wurde. Die Verordnung sah die Bildung von Bezirken zur Einrichtung und Unterhaltung von Armenanstalten, Anschaffung von Feuerlöschgeräten sowie zur Herstellung und Unterhaltung von Straßen, Brücken und Flußbauten vor. Die Bezirke sollten regelmäßig nach den Gerichtssprengeln gebildet werden. Das Gemeindeedikt vom 17. Mai 1818[62] ermöglichte die Vereinigung mehrerer benachbarter Gemeinden zu einer Distriktsgemeinde. Die Distriktsgemeinden wurden von den Staatsbehörden gebildet und aufgelöst. Sie waren nicht rechtsfähig und wurden nach Erreichung ihres Zweckes wieder aufgelöst. Die Distriktsgemeinde nach dem Edikt von 1818 war kein Gemeindeverband im heutigen Sinne, sondern hatte den Charakter eines unselbständigen Zweckverbandes, vergleichbar einer Verwaltungsgemeinschaft.

Das Revolutionsjahr 1848 brachte in Bayern den Wegfall der patrimonialen Gerichtsbarkeit und Polizeigewalt. Dadurch wurde die Einheitlichkeit der staatlichen Bezirksorganisation gestärkt. Gleichzeitig fand der Gedanke der bürgerschaftlichen Mitwirkung im Staat weitgehende Verbreitung. Das Distriktsratsgesetz vom 28. Mai 1852[63], das im wesentlichen bis zum Selbstverwaltungsgesetz von 1919 in Kraft blieb, schuf für jeden Landgerichtsbezirk eine Distriktsgemeinde. Die Distriktsgemeinde war ein Gemeindeverband und besaß die Rechtsstellung einer juristischen Person des öffentlichen Rechts. Zu ihren Aufgaben gehörten nach Artikel 21 des Distriktsratsgesetzes u. a. die Unterhaltung bestehender oder künftig zu errichtender Distriktsanstalten, die Anlegung und Unterhaltung von Distriktsstraßen sowie die Beschaffung und Erhaltung von Feuerlöschgeräten. Die Vertretung der Distriktsgemeinde war der Distriktsrat, der sich aus den Vertretern der einzelnen Gemeinden und Personen mit besonders hohem Grundsteueraufkommen zusammensetzte. Ein weiteres Organ war der aus vier bis sechs aus der Mitte des Distriktsrates gewählten Mitgliedern bestehende Distriktsausschuß. Ebenso wie in Preußen der Landrat gegenüber dem Kreistag und Kreisausschuß und in Württemberg der Oberamtmann gegenüber der Amtsversammlung und ihrem ständigen Ausschuß war in Bayern der Vorstand des Landgerichts (ab 1862 des Bezirksamtes) Vorsitzender des Distriktsrates und des Distriktsausschusses, und zwar ohne Stimmrecht, aber mit dem Recht des Stichentscheides bei Stimmengleichheit. Die laufende Vertretung der Distriktsgemeinde nach außen lag bei dem Vorstand des Landgerichts (ab

---

[61] RBl. S. 324.
[62] Verordnung, die künftige Verfassung und Verwaltung der Gemeinden im Königreich betreffend (GBl. S. 49).
[63] Gesetze, die Distriktsräte betreffend (GBl. Sp. 245).

1862 bei dem Bezirksvorsteher als Vorsitzendem des Distriktsausschusses). Obwohl somit der Behördenleiter der unteren staatlichen Verwaltungsbehörde gleichzeitig in der Selbstverwaltung tätig wurde, blieben die Bereiche der Selbst- und der Staatsverwaltung doch im übrigen streng voneinander getrennt.

Die Gebiete der Distriktsgemeinden stimmten mit den Landgerichtsbezirken überein. Nachdem im Jahre 1862 die Bezirksämter mit ihren bis zu vier Landgerichtsbezirken umfassenden Gebieten eingerichtet worden waren, fiel diese Übereinstimmung von kommunalem und staatlichem Bezirk weg.

Das Distriktsratsgesetz aus dem Jahre 1852 wurde durch das bayerische Gesetz über die Selbstverwaltung vom 22. Mai 1919[64] in wesentlichen Punkten geändert. Die Bezeichnungen Distriktsgemeinde, Distriktsrat und Distriktsausschuß wurden in Bezirk, Bezirkstag und Bezirksausschuß umgewandelt (Artikel 1 Abs. 2). Soweit zu einem Bezirksamt mehrere Distriktsgemeinden gehörten, wurden diese zu einem Bezirk vereinigt. Damit waren das Gebiet des übergemeindlichen Kommunalverbandes und der Bezirk der unteren staatlichen Verwaltungsbehörde wieder identisch. Die Verwaltung der Bezirke wurde dem aus der Mitte des Bezirkstages gewählten Bezirksausschuß übertragen. Beide Organe erhielten gewählte Vorsitzende (Artikel 18, 19). Damit war der Bezirksamtsvorstand aus der Leitung des Gemeindeverbandes ausgeschaltet. Dem Bezirksausschuß wurde nach preußischem Muster das Mitbestimmungsrecht in einigen staatlichen Verwaltungsangelegenheiten übertragen, so zum Beispiel bei Erlaß bezirkspolizeilicher Vorschriften, polizeilichen Eingriffen in die persönliche Freiheit, Baulinienfestsetzungen, Aufsicht über die Innungen, Verweigerung der Ausstellung von Führerscheinen, Dienststrafenthebungen von Bürgermeistern u. ä. (Artikel 23 Abs. 1).

Das Selbstverwaltungsgesetz sah auch eine Mitwirkung des Bezirksausschusses bei der Berufung des Bezirksvorstandes vor. Das Staatsministerium des Innern überwies dem Bezirksausschuß eine Liste der in Frage kommenden Beamten, aus denen der Ausschuß drei auswählte, von denen das Ministerium einen zum Bezirksamtmann ernannte (Artikel 24). Der Bezirkstag konnte mit Zweidrittelmehrheit die Abberufung eines wenigstens ein Jahr im Amt befindlichen Bezirksamtmanns verlangen (Artikel 25).

Während also das staatliche Bezirksamt von der Verwaltung in kommunalen Angelegenheiten rechtlich fast völlig ausgeschlossen war, bewirkte die Einschaltung des Bezirksausschusses in die Erfüllung staatlicher Aufgaben doch eine Verbindung von staatlicher Verwaltungsorganisation und Selbstverwaltung. Im übrigen verstärkte sich im Laufe der

---

[64] GVBl. S. 239.

## 24  B. Die allgemeine untere staatliche Verwaltungsbehörde im Landkreis

Zeit aber auch wieder der tatsächliche Einfluß des staatlichen Bezirksamtes auf die Verwaltung der Bezirke[65].

Im Jahre 1927 ergingen in Bayern drei neue kommunale Gesetze, darunter die „Bezirksordnung für die Verbände auf der unteren Ebene der Verwaltung" vom 17. Oktober 1927[66], die am 1. April 1928 in Kraft trat. Die neue Bezirksordnung stellte die organisatorische Verbindung zwischen dem Bezirk als Selbstverwaltungskörper und dem staatlichen Bezirksamt wieder her. Der Bezirksamtsvorstand wurde gesetzlicher Vorsitzender des Bezirksausschusses, allerdings hatte er kein Stimmrecht (Artikel 16 Abs. 2). Die Geschäfte des Selbstverwaltungskörpers Bezirk wurden vom staatlichen Bezirksamt gemäß den Beschlüssen des Bezirkstages und Bezirksausschusses unentgeltlich geführt (Artikel 5 Abs. 1). Die Mitwirkung des Bezirks bei der Berufung oder Abberufung des Bezirksamtsvorstandes war dagegen in der neuen Bezirksordnung nicht mehr vorgesehen. Die Mitwirkung des Kreisausschusses an der staatlichen Verwaltung war beseitigt, doch konnte das Bezirksamt den Bezirksausschuß in wichtigen Fragen der Staatsverwaltung zur Beratung in Anspruch nehmen (Artikel 17 Abs. 2). Durch die weitgehenden Zuständigkeiten des Bezirksamtes auch in Selbstverwaltungsangelegenheiten ist diese Behörde zum Verwaltungsorgan des Bezirks ausgestaltet worden.

Durch das bayerische Gesetz zur Gleichschaltung von Gemeinden und Gemeindeverbänden mit Land und Reich vom 7. April 1933[67] wurden der Bezirksausschuß beseitigt und seine Zuständigkeiten auf den auf neun Mitglieder verkleinerten Bezirkstag übertragen. Vorsitzender des Bezirksrates wurde der staatliche Bezirksamtsvorstand. Im Jahre 1938 wurden durch die Dritte Neuaufbauverordnung vom 28. November 1938[68] die Bezeichnungen „Bezirk" und „Bezirksamt" durch „Landkreis" und „Landrat" ersetzt. Schließlich wurde durch die Verordnung des Ministerrats für die Reichsverteidigung über die Aufhebung von Beschlußzuständigkeiten und Anhörungsrechten von Vertretungskörperschaften und kollegialen Behörden in der Kreisebene vom 26. September 1939[69] auch der Bezirkstag ausgeschaltet und damit das Führerprinzip auch in den bayerischen Landkreisen eingeführt. Von Bedeutung ist noch die Bekanntmachung über die Vereinfachung der Verwaltung vom 27. April 1943[70], durch die erstmalig die bis dahin bestehende scharfe Trennung zwischen staatlichen und kommunalen Kräften beim Landratsamt weitgehend abgeschafft wurde. Der Kreis hatte die nichtbeamteten staatlichen

---

[65] Gestering, a.a.O. S. 116.
[66] GVBl. S. 325.
[67] GVBl. S. 105.
[68] RGBl. I S. 1675.
[69] RGBl. I S. 1981.
[70] GVBl. S. 65.

## I. Kreis in der geschichtlichen Entwicklung

Kräfte zu übernehmen und für die gesamten sächlichen Ausgaben der staatlichen Verwaltung aufzukommen.

### 3. Überblick über die Entwicklung in anderen Ländern des Deutschen Reiches[71]

Die innere Verwaltung des aus verschiedenen weltlichen und geistlichen Territorien gebildeten Großherzogtums *Baden*[72] war ursprünglich rein staatlich organisiert. Die 10 Kreise, in die das Land 1809 eingeteilt wurde, waren staatliche Mittelinstanzen. Die untere Verwaltungsinstanz bildeten 120 staatliche Bezirksämter. Durch das Gesetz über die Organisation der inneren Verwaltung vom 5. Oktober 1863[73] wurden die inzwischen auf vier verminderten Kreisregierungen aufgelöst und die Bezirksämter, deren Zahl im Laufe der Zeit ebenfalls stark vermindert worden war, unmittelbar dem Ministerium des Innern unterstellt. Leiter des Bezirksamtes war der Landrat, dem ein Kollegialorgan, der Bezirksrat, zur Seite stand. Der Bezirksrat setzte sich ursprünglich aus ernannten, später aus gewählten Vertretern des Bezirks zusammen (§§ 1, 2 des Organisationsgesetzes). Als körperschaftliche Verbände mit dem Recht der Selbstverwaltung wurden im Lande 11 Kreise ins Leben gerufen, deren Organe die Kreisversammlung und der Kreisausschuß waren. Das staatliche Aufsichtsrecht nahm der am Sitz der Kreisverwaltung angestellte staatliche Bezirksbeamte als „Kreishauptmann" wahr. Im übrigen waren Staats- und Selbstverwaltung streng voneinander getrennt. Kreis und Amtsbezirk stimmten auch gebietsmäßig nicht überein.

Das Kreisorganisationsrecht wurde durch die Badische Kreisordnung vom 19. Juni 1923[74] geändert. An die Stelle des Kreisausschusses trat der „Kreisrat", dessen Vorsitzender, der „Kreisvorsitzende", von der Kreisversammlung gewählt wurde. Der Kreisvorsitzende leitete die Kreisverwaltung. Eine organisatorische Verzahnung mit der Staatsverwaltung bestand nicht. Selbst die Institution des Kreishauptmanns wurde aufgehoben. In den Jahren 1935/36 wurden in Baden die Kreisversammlung[75]

---

[71] Behandelt werden können hier nur die früheren Länder des Gebietes der jetzigen Bundesrepublik. Über die Entwicklung in den übrigen Ländern des Deutschen Reiches vgl. Heim, a.a.O.; Halstrick, a.a.O.; von Unruh, a.a.O. S. 162 ff.

[72] Über die geschichtliche Entwicklung der badischen Verwaltungsorganisation im einzelnen vgl. Grube, Vogteien, Ämter, Landkreise in der Geschichte Südwestdeutschlands, 2. Aufl., 1960; ders., Vogteien — Ämter — Landkreise, Der Landkreis 1960 S. 293 ff.; Arnold, Kreise und Selbstverwaltungskörper in Baden, in: Jeserich, Die deutschen Landkreise, S. 259 ff.

[73] RBl. S. 399.

[74] GVBl. S. 249.

[75] Gesetz über die vorläufige Aufhebung der Kreisversammlungen vom 5. 1. 1935 (GVBl. S. 52).

26  B. Die allgemeine untere staatliche Verwaltungsbehörde im Landkreis

und der Kreistag[76] abgeschafft. Der Kreisvorsitzende leitete die Kreisverwaltung in alleiniger Verantwortung. Mit Gesetz vom 30. Juni 1936[77] wurde das Land in neue staatliche Verwaltungsbezirke eingeteilt. Eine Angleichung der Kreisgebiete an diese neuen staatlichen Verwaltungsbezirke erfolgte erst durch Gesetz vom 24. Juni 1939[78]. Verwaltungsleiter wurde nunmehr auch im Kreis der staatliche Landrat.

In *Braunschweig*[79] bestanden nach dem Gesetz vom 12. Oktober 1832[80] Kreisdirektionen als Mittelinstanz und Kreisämter als untere Verwaltungs- und Gerichtsbehörden. Nachdem Verwaltung und Justiz im Jahre 1849 auch in der unteren Instanz getrennt worden waren, wurden 1850 die Verwaltungsangelegenheiten der Kreisämter den Kreisdirektionen mit dem Kreisdirektor an der Spitze übertragen. Ein „Kreiskommunalverband" wurde durch die Kreisordnung vom 5. Juni 1871[81] geschaffen. Seine Organe waren die Kreisversammlung und der aus ihrer Mitte gewählte Kreisausschuß. Den Vorsitz im Kreisausschuß führte der Kreisdirektor. Der Kreisausschuß hatte an der Gemeindeaufsicht mitzuwirken. Die Kreisordnung vom 15. November 1924[82] führte die Bezeichnung „Kreisgemeindeverband" ein. Beschlußorgan des Kreises war der Kreistag, Durchführungsorgan der vom Kreistag gewählte Kreisausschuß. Vorsitzender des Kreisausschusses mit beratender Stimme war der staatliche Kreisdirektor. Vor Ernennung eines Kreisdirektors durch das Staatsministerium wurde der Kreistag gehört. Durch Gesetz vom 3. März 1936[83] wurde der Kreistag aufgehoben. Seine Zuständigkeit ging auf den Kreisausschuß über. Im Kreisausschuß führte der Kreisdirektor, der später Landrat genannt wurde, den Vorsitz mit Stimmrecht und Stichentscheidung.

In *Hessen*[84] tritt eine Verzahnung von Staats- und Selbstverwaltung erst im letzten Drittel des 19. Jahrhunderts in Erscheinung. Bis dahin hatte sich der Selbstverwaltungsgedanke oberhalb der Ebene der Ge-

---

[76] Gesetz über die Aufhebung der Kreisräte vom 24. 4. 1936 (GVBl. S. 79).
[77] GVBl. S. 80.
[78] Gesetz über die Landkreisselbstverwaltung (Landkreisordnung) in Baden vom 24. 6. 1939 (GVBl. S. 93), Verordnung zur Durchführung der Kreisordnung vom 24. 6. 1939 (GVBl. S. 106).
[79] Zur Entwicklung im einzelnen vgl. Rhamm, Das Staatsrecht des Herzogtums Braunschweig, 1908; Grotewohl, Die Verfassung der Gemeinden und Kreise im Freistaat Braunschweig, 2. Aufl., 1928; Heim, a.a.O. S. 17 ff.; Halstrick, a.a.O. S. 26 ff.
[80] Gesetz- und Verordnungsschrift S. 371.
[81] Gesetz- und Verordnungsschrift S. 165.
[82] Gesetz- und Verordnungsschrift S. 315.
[83] Gesetz- und Verordnungsschrift S. 52.
[84] Zur Entwicklung im einzelnen vgl. Kurt Weber, Abhandlungen über die hessischen Kreise, in: Jeserich, Die deutschen Landkreise, S. 275 ff.; Schunder, Der Kreis Fritzlar-Homburg, 1960; Heim, a.a.O. S. 20 f.; Halstrick, a.a.O. S. 28 ff.

## I. Kreis in der geschichtlichen Entwicklung 27

meinden noch nicht durchgesetzt. Erst das Gesetz betreffend die innere Verwaltung und die Vertretung der Kreise und Provinzen vom 12. Juni 1874[85] brachte den als Bezirken der unteren staatlichen Verwaltungsbehörde seit langem bestehenden Kreisen das Selbstverwaltungsrecht. Die Kreisverfassung war im wesentlichen der preußischen Regelung nachgebildet. Kreisorgane waren der Kreistag mit dem staatlichen Kreisdirektor als stimmrechtslosen Vorsitzenden, der Kreisausschuß, in dem der Kreisdirektor mit Stimmrecht den Vorsitz führte, und der Kreisdirektor selbst. Dessen Stellung war der des preußischen Landrats sehr ähnlich. Durch Gesetz vom 21. Juli 1936[86] wurden die Kreistage auch in Hessen aufgehoben und ihre Zuständigkeiten den Kreisausschüssen übertragen, die die Verwaltung unter dem Vorsitz des Kreisdirektors (später Landrat genannt) führten.

In *Lippe-Detmold*[87] hatte sich im 19. Jahrhundert als untere staatliche Verwaltungsbehörde das Amt mit dem Landrat an der Spitze herausgebildet. Eine überörtliche Selbstverwaltung brachte das Gemeindeverfassungsgesetz vom 1. Dezember 1927, durch das die bis dahin bestehenden Amtsgemeinden zu vier Ämtern als Selbstverwaltungskörpern zusammengefaßt wurden. Der vom Landespräsidium ernannte staatliche Landrat führte den Vorsitz im Amtstag und im Amtsausschuß. Im Jahre 1931[88] wurden die vier Ämter als staatliche Verwaltungsbezirke und Selbstverwaltungsbereiche zu zwei Kreisen zusammengelegt. Die Kollegialorgane wurden in Kreistag und Kreisausschuß umbenannt. Durch Verordnung des Reichsstatthalters vom 27. April 1936 wurden die Kreistage aufgehoben und ihre Befugnisse den Kreisausschüssen übertragen.

In *Oldenburg*[89] lag das Schwergewicht der kommunalen Betätigung bei den Gemeinden, die sich aus den mehrere Dörfer umfassenden Kirchspielen entwickelt hatten. Die übergemeindlichen kommunalen Amtsverbände entwickelten sich daher nur allmählich. Erst das Gesetz betreffend die Abänderung der Gemeindeordnung vom 27. Juli 1870[90] faßte die Gemeinden der staatliche Verwaltungsbezirke bildenden Amtsbezirke zu Amtsverbänden zusammen, die die Eigenschaft einer juristischen Person erhielten. Untere staatliche Verwaltungsbehörden waren die Ämter mit

---

[85] RBl. S. 251; i. d. F. der Bekanntmachung vom 8. 7. 1911 RBl. S. 307.
[86] RBl. S. 77.
[87] Vgl. auch Heim, a.a.O. S. 21 f.; Halstrick, a.a.O. S. 30; Petri, Gemeindeverfassungsgesetz für das Land Lippe, 1927.
[88] Verordnung zur Sicherung des Landeshaushalts und der Haushalte der Gemeinden und Gemeindeverbände vom 14. 10. 1931.
[89] Über die Entwicklung im einzelnen vgl. Theilen, Die oldenburgischen Landkreise, in: Jeserich, Die deutschen Landkreise, S. 326 ff.; Schücking, Das Staatsrecht des Großherzogtums Oldenburg, 1911, S. 144 ff., 218 ff.; Heim, a.a.O. S. 23 f.; Halstrick, a.a.O. S. 33 f.
[90] Oldenburgisches Gesetz- und Verordnungsblatt Band XXI, S. 505.

28  B. Die allgemeine untere staatliche Verwaltungsbehörde im Landkreis

dem Amtshauptmann an der Spitze. Die „Revidierte Gemeindeordnung" vom 15. April 1873[91] sah als Organe der Amtsverbände den Amtsrat und den Amtsvorstand vor. Der Amtsrat bestand aus höchstens 40 Abgeordneten der Gemeindevertretungen des Amtsbezirks. Der Amtsvorstand setzte sich aus dem staatlichen Amtshauptmann als Vorsitzendem und vier vom Amtsrat aus seiner Mitte gewählten Mitgliedern zusammen. Der Amtshauptmann vertrat als Vorsitzender des Amtsvorstandes den Amtsverband nach außen. Er führte auch die laufenden Geschäfte der Verwaltung. Zwischen der kommunalen Behörde und der unteren staatlichen Verwaltungsbehörde bestand räumlich, büromäßig und personell Behördeneinheit. Durch das Gesetz betreffend die Vereinfachung und Verbilligung der öffentlichen Verwaltung vom 27. April 1933[92] wurden die Amtsräte aufgehoben und ihre Zuständigkeiten auf den Amtsvorstand übertragen.

In *Schaumburg-Lippe*[93] waren nach der Landgemeindeordnung vom 7. April 1870[94] die Ämter untere Verwaltungsbehörden. Bei den Ämtern wurden aus Gemeindevorstehern und Rittergutsbesitzern bestehende Amtsversammlungen mit begrenzten Zuständigkeiten gebildet. An die Spitze der Ämter trat wenig später der Amtshauptmann. Das schaumburg-lippische Gesetz vom 31. Dezember 1884[95] änderte die Bezeichnungen „Amt" und „Amtshauptmann" in „Kreis", „Landratsamt" und „Landrat" um. Bald darauf wurde die „Amtsversammlung" in „Kreistag" umbenannt[96]. Die Kreisordnung für den Freistaat Schaumburg-Lippe vom 23. Januar 1923[97] lehnte sich eng an die preußische Kreisordnung der Provinz Hannover an. Kreisorgane waren Kreistag, Kreisausschuß und Landrat. Der Landrat wurde auf Vorschlag des Kreistages von der Regierung des Freistaates ernannt. Durch Gesetz vom 18. August 1936[98] wurden die Kreistage aufgehoben und ihre Zuständigkeiten auf die Kreisausschüsse übertragen.

In *Württemberg*[99] hat die übergemeindliche Selbstverwaltung eine lange Tradition. Schon im Jahre 1489 treten unter der Bezeichnung

---

[91] Oldenburgisches Gesetz- und Verordnungsblatt Band XXII, S. 551.
[92] Oldenburgisches Gesetz- und Verordnungsblatt S. 171.
[93] Zur Entwicklung vgl. auch Heim, a.a.O. S. 25 f.; Halstrick, a.a.O. S. 35 f.
[94] Landesgesetz- und Verordnungsblatt für das Land Schaumburg-Lippe Band X, S. 637.
[95] Landesgesetz- und Verordnungsblatt für das Land Schaumburg-Lippe Band XV, S. 5.
[96] Gesetz vom 25. 3. 1899, Landesgesetz- und Verordnungsblatt für das Land Schaumburg-Lippe, Band XVIII S. 17.
[97] Landesgesetz- und Verordnungsblatt für das Land Schaumburg-Lippe Band XXVI, S. 463.
[98] Landesgesetz- und Verordnungsblatt für das Land Schaumburg-Lippe Band XXII, S. 254.
[99] Über die Entwicklung im einzelnen vgl. Grube, a.a.O., insbesondere S. 18 ff., 62 ff.; ders., Der Landkreis, 1960, S. 392 ff.; Thierfelder, Die württembergischen

## I. Kreis in der geschichtlichen Entwicklung

„Stadt und Amt" Verbände auf, in denen Städte mit benachbarten Dörfern zu bestimmten Zwecken (Verteidigung, Ausgleichung von Kriegslasten etc.) zusammengefaßt waren. Als Verwaltungsorgan dieser später „Amtskörperschaft" genannten Verbände bildete sich im Laufe der Zeit die Amtsversammlung unter dem Vorsitz des herzoglichen Vogtes heraus. Der Vorsitzende der Amtsversammlung erhielt 1759 die Bezeichnung „Oberamtmann". Durch Edikt vom 31. Dezember 1818[100] wurde den Amtskörperschaften das Recht der Selbstverwaltung gewährt. Das Edikt vom 1. März 1822[101] regelte die staatliche Verwaltung des Bezirks durch das „Oberamt", bestätigte das Selbstverwaltungsrecht der Amtskörperschaften und stellte neben deren Organe „Amtsversammlung" und „Oberamtmann" den „Amtsversammlungsausschuß", dem allerdings erst im Jahre 1891 Organcharakter verliehen wurde. Die Ämter waren sowohl Selbstverwaltungsbezirk als auch staatlicher Verwaltungsbezirk. Die Bezirksordnung vom 28. Juli 1906[102] regelte sowohl das Recht der staatlichen Verwaltung im Oberamtsbezirk als auch die Verfassung der kommunalen Amtskörperschaft. Untere staatliche Verwaltungsbehörde war das „Oberamt" mit dem Oberamtsvorstand als Leiter. Organe der Amtskörperschaft waren die Amtsversammlung und der von der Amtsversammlung gewählte Bezirksrat (der frühere Amtsversammlungsausschuß), der auch an der staatlichen Verwaltung beteiligt wurde (Artikel 19, 40 ff. der Bezirksordnung). Vorsitzender der Amtsversammlung und des Bezirksrates war der staatliche Oberamtsvorstand (Artikel 25, 37), der 1928 die Bezeichnung „Landrat" erhielt. Durch Gesetz vom 25. April 1933[103] wurden die Organe der Amtskörperschaften abgelöst und ihre Zuständigkeiten auf den Landrat übertragen. Die neue Kreisordnung vom 27. Januar 1934[104] benannte die Amtskörperschaft in „Kreisverband" um. Dessen Organe waren der Kreistag, der Kreisrat und der Landrat, der Vorsitzender der beiden Gremien war. — Das Kreisgebiet bildete auch den Bezirk der unteren staatlichen Verwaltungsbehörde. Der Landrat blieb staatlicher Beamter. Ein Vorschlags- und Anhörungsrecht bei seiner Ernennung bestand nicht.

Die Übersicht über die historische Entwicklung der Gemeindeverbände und der unteren staatlichen Verwaltungsbehörden in den einzelnen Ländern hat gezeigt, daß sich trotz der sehr unterschiedlichen Verhältnisse im

---

Kreisverbände, in: Jeserich, Die deutschen Landkreise, S. 132 ff.; Göz, Das Staatsrecht des Königreichs Württemberg, 1908, S. 322 ff., 355 ff.; Heim, a.a.O. S. 27 f.; Halstrick, a.a.O. S. 38 ff.

[100] Staats- und RBl. 1819 S. 17.
[101] Staats- und RBl. S. 131.
[102] RBl. S. 442.
[103] Gesetz über die vorläufige Vertretung der Amtskörperschaften, RBl. S. 107.
[104] RBl. S. 51.

Laufe der Zeit ein weitgehend einheitlicher Organisationstyp herausgebildet hat. Abgesehen von Baden, wo die Kreise mit den staatlichen Amtsbezirken nicht zusammenfielen und die Doppelstellung des staatlichen Bezirksbeamten (Oberamtmann) im staatlichen und kommunalen Bereich fehlte[105], waren Kommunalverwaltung und Staatsverwaltung eng miteinander verzahnt. Diese Verzahnung wurde sowohl durch die Beteiligung von Kreisorganen bei der Bestellung des staatlichen leitenden Verwaltungsbeamten und durch die Mitwirkung des Kreisausschusses in staatlichen Funktionen als auch durch die Funktion des Leiters der Staatsbehörde als gleichzeitiger Verwaltungsleiter der Kreiskommunalverwaltung und Vorsitzender der Kreisorgane bewirkt. In dieser Behörde begegneten sich die Interessen bürgerschaftlicher Selbstverwaltung und die überregionalen Ordnungsvorstellungen des Staates. Während der Zeit ihres Bestehens genoß diese organisatorische Regelung der staatlichen und kommunalen Verwaltung im Landkreis den Ruf einer optimalen Lösung[106].

### 4. Die Entwicklung in der Übergangszeit nach 1945

Nach Beendigung des Krieges standen die westlichen Besatzungsmächte vor der Aufgabe, das Kommunalverfassungsrecht der nationalsozialistischen Zeit durch ein auf den Prinzipien der Demokratie und der kommunalen Selbstverwaltung aufgebautes Recht zu ersetzen. Dafür gab es zwei Wege. Eine Möglichkeit bestand darin, alle nach dem 30. Januar 1933 ergangenen Gesetze und Verordnungen auf kommunalrechtlichem Gebiet zu annullieren und im wesentlichen den Rechtszustand aus der Zeit vor 1933 wiederherzustellen. Als zweite Möglichkeit kam die Schaffung eines völlig neuen Kommunalverfassungsrechts ohne Berücksichtigung traditioneller Formen in Betracht. Beide Wege sind beschritten worden. Dabei hat sich die Neuregelung des Kommunalverfassungsrechts zum Teil erheblich auf die organisatorische Regelung der Erfüllung von Staatsaufgaben in der unteren Verwaltungsinstanz und damit auf die Stellung der allgemeinen unteren staatlichen Verwaltungsbehörde ausgewirkt.

In der *französischen Besatzungszone* erfolgte die erste Neuregelung des Kreisverfassungsrechts durch die Verordnungen Nr. 60—63 des Commandant en Chef Français en Allemagne vom 2. September 1946[107]. Danach waren für die Kreise von der Bevölkerung zu wählende Kreisversammlungen und von den Kreisversammlungen aus ihrer Mitte zu wählende

---

[105] Erst im Jahre 1939 wurden auch in Baden Landkreise gebildet, deren Gebiet mit dem Bezirk der unteren staatlichen Verwaltungsbehörde übereinstimmte und an deren Spitze der staatliche Landrat stand; vgl. oben S. 26.

[106] Werner Weber, Der Staat in der unteren Verwaltungsinstanz, 2. Aufl. 1964, S. 9; ders., Staats- und Selbstverwaltung in der Gegenwart, 1953, S. 74.

[107] Journal Officiel du Commandement en Chef Français en Allemagne, 1946, S. 299 ff.

Kreisversammlungsausschüsse vorgesehen (Artikel 1, 2, 9). Den Vorsitz in beiden Gremien führte der von der Militärregierung eingesetzte Landrat (Artikel 3, 10).

Das neugebildete Rheinland-Pfalz erließ am 27. September 1948 ein Selbstverwaltungsgesetz[108], durch das es auch das Kommunalverfassungsrecht der Landkreise ordnete. Die neue Landkreisordnung lehnte sich stark an die frühere preußische Regelung an. Die Kreise blieben untere staatliche Verwaltungsbezirke. An der herkömmlichen Stellung des Landrats als Staatsbeamter änderte sich nichts. Die Organe des Landkreises waren der Kreistag als Vertretungsorgan, der Kreisausschuß als kollegiales Verwaltungsorgan und der staatliche Landrat, der auch den Vorsitz in Kreistag und Kreisausschuß führte.

Das Land Württemberg-Hohenzollern erließ am 22. Dezember 1948 eine neue Kreisordnung[109]. Auch hier blieben die Kreise untere staatliche Verwaltungsbezirke und Kommunalverband. Der Landrat war staatlicher Beamter. Organe des Kreises waren der Kreistag, der dem Kreisausschuß vergleichbare Kreisrat und der Landrat. Auch in Württemberg-Hohenzollern blieben also die historisch entwickelten Grundsätze des Kreisverfassungsrechts erhalten.

Das Land Baden erließ keine Kreisordnung. Hier galt die Verordnung Nr. 60 des französischen Oberkommandierenden mit gewissen Modifizierungen weiter.

In der *amerikanischen Besatzungszone* hatte die Militärregierung bei den Kreisen zunächst Ausschüsse als Repräsentativorgane gebildet, deren Stellung und Aufgabengebiet nicht eindeutig festgelegt waren und daher in der Praxis stark variierten. Die drei Länder der amerikanischen Besatzungszone (Bayern, Hessen, Württemberg-Baden) erließen dann auf Drängen der Besatzungsmacht im Anfang des Jahres 1946 neue Kreisordnungen[110]. Während die Doppelstellung des Kreises als staatlicher und kommunaler Verwaltungsbezirk und die Dreiteilung der Organe erhalten blieben, trat unter dem Einfluß der Besatzungsmacht insofern eine wesentliche Änderung ein, als der Landrat nicht mehr von der Staatsregierung ernannt, sondern vom Kreistag auf Zeit (in Bayern auf vier, in Hessen und Württemberg-Baden auf sechs Jahre) gewählt wurde. In Bayern und Württemberg-Baden war der Landrat Kommunalbeamter geworden, in Hessen Staatsbeamter geblieben. Seine doppelte Funktion als Behördenleiter der unteren staatlichen Verwaltungsbehörde und als

---

[108] GVBl. S. 335.
[109] RBl. 1949 S. 21.
[110] Hessen: Kreisordnung vom 24. 1. 1946 (GVBl. S. 101); Bayern: Kreisordnung vom 18. 2. 1949 (GVBl. S. 229); Württemberg-Baden: Kreisordnung vom 7. 3. 1946 (RBl. S. 45).

Verwaltungsorgan des Landkreises war in allen drei Ländern unverändert.

In der *britischen Besatzungszone* gestaltete die Militärregierung das Kreisverfassungsrecht unter weitgehender Außerachtlassung der historischen Entwicklung von Grund auf neu. Nach Kriegsende wurden zunächst in den Städten und Kreisen Bürgermeister und Landräte von der Besatzungsmacht eingesetzt. Diese führten die Verwaltung in ihren Gebieten in alleiniger Zuständigkeit unter der Aufsicht der Besatzungsbehörden. Später wurden ihnen Berater und Ausschüsse mit verschiedener Zusammensetzung und Zuständigkeit beigegeben. Den Abschluß dieser Entwicklung brachte die Militärregierungsverordnung Nr. 21 vom 1. April 1946[111]. Diese Verordnung enthielt die in sehr wesentlichen Punkten geänderte Deutsche Gemeindeordnung von 1935, die als sogenannte „Revidierte Deutsche Gemeindeordnung" für Gemeinden und Landkreise[112] galt.

Die britische Militärregierung sah in der Doppelstellung des preußischen Landrats einen Widerspruch. Sie bemühte sich im übrigen, die Grundsätze des Systems der englischen Lokalverwaltung nach dem Local Government Act von 1933 auf die deutsche Kommunalverwaltung in der britischen Zone zu übertragen. Das führte zu einer Umwandlung der Kreisverfassung und zu einer Änderung der organisatorischen Regelung der Erfüllung staatlicher Aufgaben in der Kreisinstanz. Der Kreis verlor seine Eigenschaft als Bezirk der unteren staatlichen Verwaltungsbehörde. Damit entfiel auch die Stellung des Hauptverwaltungsbeamten als allgemeine untere staatliche Verwaltungsbehörde. Deren Angelegenheiten nahmen jetzt die Kreise im Auftrag und nach den Weisungen der Landesbehörden wahr. Der Hauptverwaltungsbeamte wurde Kommunalbeamter und erhielt die Bezeichnung „Kreisdirektor", später „Oberkreisdirektor". Er entsprach dem Clerk der englischen Lokalverwaltung und hatte die Verwaltung des Kreises in Übereinstimmung mit dem Kreistag zu leiten. Den Titel „Landrat" führte nunmehr der Vorsitzende des Kreistages, der gleichzeitig auch Vorsitzender des Kreisausschusses war. Der Kreisausschuß stellte die dem gemeindlichen Hauptausschuß (§ 53 Abs. 4 DGO) entsprechende Institution des Kreises dar. Er war somit weniger Ausführungs- als Willensorgan und nahm, ebenso wie die übrigen Ausschüsse des Kreises die Funktionen des Kreistages wahr, soweit dieser nicht selbst tätig wurde.

Das Land Niedersachsen übernahm in dem „Gesetz zur vorläufigen Regelung einiger Punkte des Selbstverwaltungsrechts" vom 28. Mai

---

[111] Amtsblatt der Militärregierung Nr. 7 S. 127.
[112] Die entsprechende Anwendung auf die Landkreise schrieb die Instruktion Nr. 100 der britischen Militärregierung vom August 1946 vor.

## II. Staatliche und kommunale Verwaltungsorganisation im Landkreis

1947[113] die Grundsätze der Militärregierungsverordnung Nr. 21 ohne Einschränkung. Das Gesetz behielt — mit einigen Änderungen — bis zum Inkrafttreten der „Niedersächsischen Landkreisordnung" vom 31. März 1958[114] Gültigkeit. In Schleswig-Holstein erfolgte eine Neuregelung durch die „Kreisordnung für Schleswig-Holstein" vom 27. Februar 1950[115], in Nordrhein-Westfalen durch die „Landkreisordnung für das Land Nordrhein-Westfalen" vom 21. Juli 1953[116]. Beide Kreisordnungen gelten auch im gegenwärtigen Zeitpunkt noch.

### II. Die gegenwärtigen Verknüpfungen von staatlicher und kommunaler Verwaltungsorganisation im Landkreis

Als die Länder der Bundesrepublik darangingen, ihr Kreisverfassungsrecht neu zu regeln, standen sie auch vor der Frage, wie sie die Erfüllung staatlicher Aufgaben in den Kreisen organisatorisch gestalten sollten. Neben den beiden Möglichkeiten der Wiederanknüpfung an die preußische Regelung und des völligen Verzichts auf die allgemeine untere staatliche Verwaltungsbehörde kamen Änderungen in der Gestaltung der Behörde und Änderungen des Zuständigkeitsbereichs in Betracht. Die Länder haben diese Möglichkeiten in sehr unterschiedlicher Weise verwirklicht, so daß heute eine erhebliche Uneinheitlichkeit in der organisatorischen Gestaltung der Verwaltung im Landkreis besteht.

#### 1. Der Landkreis als staatlicher Verwaltungsbezirk

Nach Artikel 1 Satz 2 der Landkreisordnung für den Freistaat *Bayern*[117], § 1 Absatz 3 der Landkreisordnung für das Land *Nordrhein-Westfalen*[118], § 1 Absatz 2 der Landkreisordnung, Teil C des Selbstverwaltungsgesetzes für *Rheinland-Pfalz*[119] und § 1 Absatz 2 der Landkreisordnung, Teil C des Kommunalselbstverwaltungsgesetzes für das *Saarland*[120] stimmt das Gebiet des Landkreises mit dem Bezirk der unteren staatlichen Verwaltungsbehörde überein. Gemäß § 1 Absatz 4 der Landkreisordnung für *Baden-Württemberg*[121] ist das Gebiet des Landkreises zugleich der Bezirk der unteren Verwaltungsbehörde. Das Prädikat „staatlich" fehlt hier,

---

[113] GVBl. S. 62.
[114] GVBl. S. 17.
[115] GVBl. S. 49.
[116] GVBl. S. 305.
[117] LKO Bay vom 16. 2. 1952 (GVBl. S. 39 = BayBS I S. 515).
[118] LKO NW vom 21. 7. 1953 (GVBl. I S. 305 = GS NW S. 208 = SGV 2021).
[119] LKO RP, SVG i. d. F. vom 25. 9. 1964 (GVBl. S. 145).
[120] LKO Saar, KSVG vom 15. 1. 1964 (Amtsblatt S. 123).
[121] LKO BW vom 10. 10. 1955 (GBl. S. 207).

da nach § 14 des baden-württembergischen Landesverwaltungsgesetzes[122] nicht nur staatliche Behörden, sondern ganz allgemein die Landratsämter und die Gemeinden als untere Verwaltungsbehörden bezeichnet werden. Gleichwohl bildet auch in Baden-Württemberg der Landkreis das Gebiet der unteren staatlichen Verwaltungsbehörde, denn gemäß § 1 Absatz 3 Satz 2 LKO BW ist das Landratsamt als untere Verwaltungsbehörde Staatsbehörde. Im *hessischen* Recht fehlt eine ausdrückliche Bestimmung des Bezirks der unteren staatlichen Verwaltungsbehörde. Mittelbar ergibt sich jedoch die Identität von Landkreis und staatlichem Verwaltungsbezirk aus § 55 der Hessischen Landkreisordnung[123], da der räumliche Zuständigkeitsbereich des Landratsamts als Behörde der Landesverwaltung auf den Landkreis beschränkt ist. — Unter dem Bereich der unteren staatlichen Verwaltungsbehörde ist in allen diesen Ländern nur der Bezirk der allgemeinen und inneren Verwaltung[124] zu verstehen. Die Gebiete der Sonderbehörden der unteren Instanz (z. B. Wasserwirtschaftsämter, Forstämter) stimmen dagegen häufig nicht mit dem Kreisgebiet überein.

Auch nach § 1 Absatz 1 Satz 2 der *Niedersächsischen Landkreisordnung*[125] bildet das Gebiet des Landkreises zugleich den Bezirk der unteren Verwaltungsbehörde. Diese untere Verwaltungsbehörde ist aber nicht staatlich. Die Niedersächsische Landkreisordnung geht davon aus, daß „die Landkreise als untere Verwaltungsbehörden grundsätzlich Träger aller staatlichen Aufgaben in der Kreisstufe sind, soweit sie nicht Sonderbehörden obliegen. Daraus ergibt sich der Verzicht auf eine allgemeine staatliche Verwaltungsbehörde in der Kreisebene"[126]. Es besteht daher auch keine Notwendigkeit, insoweit die Grenzen eines staatlichen Verwaltungsbezirks festzulegen. In der gleichen Weise wie in Niedersachsen ist die Erfüllung staatlicher Aufgaben im Landkreis in *Schleswig-Holstein* geregelt, dessen Landkreisordnung[127] ebenfalls keine allgemeine untere staatliche Verwaltungsbehörde und keinen Bezirk für eine solche Behörde vorsieht.

---

[122] LVG vom 7. 11. 1955 (GBl. S. 225).

[123] LKO Hes vom 25. 2. 1952 (GVBl. S. 37) i. d. F. vom 1. 7. 1960 (GVBl. S. 131).

[124] Der Begriff „allgemeine und innere Verwaltung" ist vielseitiger Verwendung fähig, vgl. zur Entwicklung und Bedeutung dieses Begriffes Fonk, Die Behörde des Regierungspräsidenten, Schriftenreihe der Hochschule Speyer, Band 36, 1967, Abschn. II 1 a, b und c; unter Behörden der allgemeinen und inneren Verwaltung werden im folgenden diejenigen Behörden verstanden, die potentiell für die gesamte Verwaltungstätigkeit des Staates zur Verfügung stehen und zum Innenministerium ressortieren, das die allgemeine Behördenaufsicht über sie ausübt.

[125] LKO Nds vom 31. 3. 1958 (GVBl. I S. 146).

[126] Ausführungsbestimmungen zu § 1 LKO Nds, RdErl. d. Nds. MdI vom 11. 8. 1958 (MBl. S. 609).

[127] LKO SH vom 27. 2. 1950 (GVBl. S. 49).

II. Staatliche und kommunale Verwaltungsorganisation im Landkreis 35

## 2. Kreisverwaltung und allgemeine untere staatliche Verwaltungsbehörde

Allgemeine untere staatliche Verwaltungsbehörde im Landkreis ist in Baden-Württemberg[128], Bayern[129], Rheinland-Pfalz[130] und im Saarland[131] das Landratsamt. In Hessen ist der Landrat als Behörde der Landesverwaltung[132], in Nordrhein-Westfalen der Oberkreisdirektor als untere staatliche Verwaltungsbehörde[133] die untere Landesbehörde der allgemeinen und inneren Verwaltung. In der Organisation der niedersächsischen Landesverwaltung fehlt, wie schon ausgeführt wurde, die allgemeine untere staatliche Verwaltungsbehörde. Die staatlichen Aufgaben werden von den Landkreisen als Körperschaften erfüllt[134], und nach außen tritt sowohl bei der Erfüllung eigener als auch staatlicher Aufgaben nur „Der Landkreis" in Erscheinung. Den Besonderheiten der Weisungsaufgaben wird durch die Zuständigkeitsverteilung innerhalb der Landkreisverwaltung Rechnung getragen[135]. In Schleswig-Holstein fehlt ebenfalls eine allgemeine untere staatliche Verwaltungsbehörde, und die staatlichen Aufgaben werden vom Landkreis als Weisungsaufgaben erledigt[136]. Auf einige Einzelheiten der Regelungen in Niedersachsen und Schleswig-Holstein wird später noch einzugehen sein.

Abgesehen von den Obliegenheiten der Staatsaufsicht nehmen regelmäßig die kreisfreien Städte überall auch Zuständigkeiten der allgemeinen unteren Verwaltungsbehörde gemäß den bestehenden Rechtsvorschriften wahr. In einigen Ländern der Bundesrepublik erfüllen besonders hervorgehobene kreisangehörige Städte in ihrem Gebiet einen Teil der an sich der allgemeinen unteren staatlichen Verwaltungsbehörde zukommenden Zuständigkeiten. So sind in Baden-Württemberg Gemeinden mit mehr als 20 000 Einwohnern, die auf ihren Antrag von der Landesregierung zu „Großen Kreisstädten" erklärt worden sind[137], in ihrem Gebiet für einen großen Teil der Angelegenheiten der unteren staatlichen Verwaltungsbehörde zuständig[138], die sie als Pflichtaufgaben zur Erfüllung nach Weisung erledigen[139]. Eine Reihe von Zuständigkeiten ist aller-

---

[128] § 14 LVG BW, § 1 Abs. 3 Satz 2 LKO BW.
[129] Art. 37 Abs. 1 LKO Bay.
[130] § 2 Satz 1 LKO RP.
[131] § 10 LVG Saar.
[132] § 55 LKO Hes.
[133] § 9 Landesorganisationsgesetz (LOG NW) vom 10. 7. 1962 (GV NW S. 421).
[134] § 4 LKO Nds.
[135] Ausführungsbestimmungen zu § 1 LKO Nds. a.a.O.
[136] § 3 Abs. 2 LKO SH.
[137] § 3 Abs. 2 der Gemeindeordnung für Baden-Württemberg (GO BW) vom 25. 7. 1955 (GBl. S. 129).
[138] Vgl. § 14 LVG BW.
[139] § 2 Abs. 3 GO BW.

dings von der Übertragung auf die Großen Kreisstädte ausgeschlossen[140]. In *Hessen* können Aufgaben des Landes, die an sich vom Landrat unmittelbar oder vom Kreis als übertragene Angelegenheiten wahrgenommen werden, den kreisangehörigen Gemeinden mit mindestens 10 000 Einwohnern für ihr Gebiet zur Erledigung als Weisungsaufgaben übertragen werden[141]. Hiervon ausgeschlossen sind allerdings bestimmte durch Verordnung der Landesregierung festgelegte Zuständigkeiten[142]. Unter bestimmten Voraussetzungen können auch kreisangehörigen Gemeinden mit weniger als 10 000 Einwohnern Zuständigkeiten des Landrats oder des Landkreises übertragen werden[143]. In *Rheinland-Pfalz* sind Städte mit mehr als 25 000 Einwohnern auf Antrag durch Rechtsverordnung der Landesregierung zu großen kreisangehörigen Städten zu erklären[144]. Die großen kreisangehörigen Städte nehmen diejenigen Aufgaben der unteren staatlichen Verwaltungsbehörde wahr, die ihnen der Minister des Innern im Einvernehmen mit den beteiligten Ministern oder der zuständige Fachminister im Einvernehmen mit dem Minister des Innern durch Rechtsverordnung überträgt[145]. Eine ähnliche Regelung besteht im *Saarland*. Dort ist kreisangehörigen Städten mit mehr als 40 000 Einwohnern auf Antrag durch Rechtsverordnung der Landesregierung die Rechtsstellung von Mittelstädten zu verleihen[146]. Diese Mittelstädte erfüllen in ihrem Gebiet auch die Zuständigkeiten der unteren staatlichen Verwaltungsbehörden der allgemeinen Landesverwaltung und den Landkreisen übertragene staatliche Aufgaben nach Maßgabe einer Rechtsverordnung[147].

In *Nordrhein-Westfalen* können Zuständigkeiten des Oberkreisdirektors als unterer staatlicher Verwaltungsbehörde durch Rechtsverordnung der Landesregierung den Hauptverwaltungsbeamten von Ämtern und kreisangehörigen Gemeinden zugewiesen werden[148]. Eine solche Zuweisung ist bisher allerdings nicht erfolgt.

---

[140] Vgl. § 16 LVG BW.
[141] § 59 Abs. 1 LKO Hes.
[142] Verordnung über die Verteilung der Aufgaben der Landesverwaltung auf der Kreisstufe vom 24. 3. 1953 (GVBl. S. 39).
[143] § 59 Abs. 2 LKO Hes.
[144] § 7 Abs. 1 der Gemeindeordnung, Teil A des Selbstverwaltungsgesetzes für Rheinland-Pfalz (GO RP) vom 25. 9. 1964 (GVBl. S. 145).
[145] § 7 Abs. 3 GO RP. Vgl. Verordnung vom 14. 7. 1960 (GVBl. S. 139). Weitere Zuständigkeiten können selbstverständlich auch durch Gesetz übertragen werden, vgl. z. B. § 67 Abs. 1 der Landesbauordnung für Rheinland-Pfalz vom 15. 11. 1961.
[146] § 4 Abs. 3 der Gemeindeordnung, Teil A des Kommunalselbstverwaltungsgesetzes vom 15. 1. 1964 (GO Saar), (Amtsblatt S. 123).
[147] § 7 GO Saar; vgl. 1. Verordnung über die Übertragung von Aufgaben der Landesverwaltung auf Mittelstädte vom 14. 9. 1965 (Amtsblatt S. 873).
[148] § 47 Abs. 2 LKO NW.

## II. Staatliche und kommunale Verwaltungsorganisation im Landkreis

### 3. Personelle Besetzung und innere Organisation der allgemeinen unteren staatlichen Verwaltungsbehörde

*a) Der Behördenleiter*

Der Leiter der allgemeinen unteren staatlichen Verwaltungsbehörde führt in *Baden-Württemberg, Bayern, Rheinland-Pfalz* und im *Saarland* die Amtsbezeichnung „Landrat"[149], in *Nordrhein-Westfalen* die Bezeichnung „Oberkreisdirektor"[150]. Die Behördenleiter sind gleichzeitig Hauptverwaltungsbeamte der Landkreise. Sie üben diese Doppelfunktion in Rheinland-Pfalz und im Saarland als Landesbeamte, in den übrigen vier Ländern als kommunale Wahlbeamte aus[151]. Die Realunion von staatlicher Verwaltungsbehörde und kommunaler Kreisverwaltung wird erzielt in Rheinland-Pfalz und im Saarland durch Verleihung (im Sinne einer gesetzlichen Zuordnung) des staatlichen Landrats an die Kreisverwaltung[152], in Baden-Württemberg, Bayern, Hessen und Nordrhein-Westfalen durch Verleihung des kommunalen Organs Landrat bzw. Oberkreisdirektor an die Staatsverwaltung[153].

Die Hauptverwaltungsbeamten der Kreise in *Niedersachsen* und *Schleswig-Holstein*, den beiden Ländern ohne allgemeine untere staatliche Verwaltungsbehörde, führen die Amtsbezeichnungen Oberkreisdirektor"[154] bzw. „Landrat"[155]. Den Titel „Landrat" tragen in Niedersachsen und in Nordrhein-Westfalen die Vorsitzenden der Kreistage[156]. In Schleswig-Holstein führt der Vorsitzende des Kreistages die Bezeichnung „Kreispräsident"[157].

In *Rheinland-Pfalz* und im *Saarland* ist der Landrat Staatsbeamter, der Kreis ist jedoch an seiner Auswahl beteiligt. Die Besetzung einer Landratsstelle erfolgt in Rheinland-Pfalz in zwei Stufen. Der Landrat wird zunächst durch den Ministerpräsidenten kommissarisch bestellt. Seine endgültige Ernennung bedarf dann der Zustimmung des Kreistages[158]. Im Saarland ist eine kommissarische Bestellung des Landrats bis zu einer Dauer von sechs Monaten zwar möglich[159], jedoch nicht zwingend

---

[149] Vgl. § 46 LKO BW, Art. 37 LKO Bay, § 55 LKO Hes, § 26 LKO RP, §§ 10, 11 LVG Saar.
[150] Vgl. § 47 LKO NW.
[151] Die Berufung und die Rechtsstellung des Hauptverwaltungsbeamten werden im folgenden noch näher behandelt werden.
[152] Vgl. §§ 2, 26 LKO RP, § 10 LVG Saar.
[153] Vgl. § 46 LKO BW, Art. 37 LKO Bay, § 55 LKO Hes, § 47 LKO NW.
[154] Vgl. §§ 6, 55 LKO Nds.
[155] Vgl. §§ 7, 50 LKO SH.
[156] Vgl. § 26 Abs. 1 Satz 2 LKO Nds, § 19 Satz 2 LKO NW.
[157] § 28 LKO SH.
[158] § 26 Abs. 1 LKO RP.
[159] § 39 Abs. 2 LKO Saar.

## B. Die allgemeine untere staatliche Verwaltungsbehörde im Landkreis

vorgeschrieben. Die Ernennung des Landrats bedarf der Zustimmung des Kreistages[160]. Vor einer Abberufung des Landrats von seinem Posten ist im Saarland der Kreistag zu hören[161], in Rheinland-Pfalz ist in diesem Fall eine Anhörung des Kreistages oder eine andere Beteiligung des Kreises nicht vorgesehen.

In *Baden-Württemberg, Bayern, Hessen* und *Nordrhein-Westfalen* sind die Behördenchefs der allgemeinen unteren staatlichen Verwaltungsbehörde kommunale Wahlbeamte des Landkreises[162], die vom Staat im Wege der Organleihe als Leiter staatlicher Behörden in Anspruch genommen werden. Die Hauptverwaltungsbeamten des Kreises in Niedersachsen und Schleswig-Holstein sind ebenfalls kommunale Wahlbeamte.

In *Bayern* wird der Landrat aufgrund von Wahlvorschlägen der politischen Parteien und Wählergruppen durch unmittelbare Wahl der Kreisbürger für eine Amtszeit von sechs Jahren gewählt[163]. Der Staat hat auf die Auswahl der Bewerber keinerlei Einfluß, der gewählte Landrat bedarf auch nicht der Bestätigung in seinem Amt seitens des Staates. Der Landrat braucht keine fachlichen Voraussetzungen für sein Amt aufzuweisen. Der Regierungsentwurf zur Landkreisordnung hatte zwar als Voraussetzung für die Innehabung der Stellung des Landrates „die Befähigung für den höheren Verwaltungsdienst oder für das Richteramt oder eine mindestens vierjährige Tätigkeit in der öffentlichen Verwaltung gefordert[164], der Landtag beschloß aber als Wählbarkeitsvoraussetzung, der Landrat müsse sich „durch mehrjährige entsprechende Tätigkeit beim Aufbau des demokratischen Staates in der öffentlichen Verwaltung bewährt haben"[165]. Diese Vorschrift (und der entsprechende Artikel 4 Absatz 5 des Landkreiswahlgesetzes[166]) wurde jedoch vom Verfassungsgerichtshof für den Freistaat Bayern durch Entscheidung vom 31. März 1953[167] insoweit für nichtig erklärt, als die Worte „beim Aufbau des demokratischen Staates" große Teile der fachlich befähigten Bewerber, namentlich jüngere Jahrgänge und Spätheimkehrer, von diesem Amte ausschlossen und damit Grundrechte verfassungswidrig ein-

---

[160] § 39 Abs. 1 LKO Saar.

[161] § 39 Abs. 3 LKO Saar.

[162] Der Landrat in Bayern ist nicht Beamter i. S. d. BRRG und des BayBG; beamtenrechtliche Vorschriften sind aber gem. Art. 1 Abs. 1 des Gesetzes über kommunale Wahlbeamte vom 10. 7. 1952 (BayBS I S. 541) weitgehend auf den Landrat anwendbar. Über Einzelheiten vgl. Widtmann, Landkreisordnung für den Freistaat Bayern und Bezirksordnung für den Freistaat Bayern, 1961, S. 52.

[163] Art. 31 LKO Bay.

[164] Art. 32 Abs. 2 des Regierungsentwurfs.

[165] Art. 31 Abs. 2 LKO Bay.

[166] LKrWG vom 16. 2. 1952 (GVBl. S. 53).

[167] Entscheidungen des Bayerischen Verfassungsgerichtshofes, N. F. Band 6 1953, II S. 35 ff.

## II. Staatliche und kommunale Verwaltungsorganisation im Landkreis

schränkten. Soweit Artikel 31 Absatz 2 der Landkreisordnung und Artikel 4 Absatz 5 des Landkreiswahlgesetzes hiernach noch galten, wurden sie durch § 3 des Gesetzes zur Änderung von Vorschriften auf dem Gebiet des kommunalen Wahlrechts[168] aufgehoben. Seither bestehen keinerlei fachliche Wählbarkeitsvoraussetzungen für den Landrat.

In den Ländern *Baden-Württemberg, Hessen, Niedersachsen, Nordrhein-Westfalen* und *Schleswig-Holstein* werden die Hauptverwaltungsbeamten durch den Kreistag gewählt. Die Stelle ist in Baden-Württemberg[169], Hessen[170], Niedersachsen[171] und Nordrhein-Westfalen[172] grundsätzlich öffentlich auszuschreiben, während in Schleswig-Holstein eine Ausschreibung nicht vorgesehen ist. Die Amtszeit des Landrats beträgt in Baden-Württemberg acht Jahre, bei unmittelbarer Wiederwahl nach Ablauf der Amtszeit 12 Jahre[173]. In Hessen wird der Landrat auf sechs Jahre, im Fall der Wiederwahl auf einen längeren Zeitraum, höchstens aber auf 12 Jahre, gewählt[174]. Die Amtszeit des Oberkreisdirektors in Niedersachsen und Nordrhein-Westfalen beträgt 12 Jahre[175], die des Landrats in Schleswig-Holstein mindestens sechs, höchstens 12 Jahre[176].

Die Regelung der fachlichen Voraussetzungen für die Wählbarkeit zum Landrat (Oberkreisdirektor) ist in den einzelnen Ländern sehr unterschiedlich. In *Baden-Württemberg* wird eine besondere Vorbildung oder Berufserfahrung nicht gefordert[177]. Eine in der Regierungsvorlage enthaltene Vorschrift, wonach der Bewerber um die Stelle des Landrats die Befähigung zum höheren Verwaltungsdienst oder zum Richteramt besitzen oder die erforderliche Befähigung durch Lebens- oder Berufserfahrung innerhalb oder außerhalb des öffentlichen Dienstes erworben haben sollte, wurde vom Landtag gestrichen[178]. Als Bewerber für die Leitung des Landratsamtes sollen jedoch nur „geeignete" Personen benannt werden[179]. In *Hessen* werden ebenfalls keine besonderen Anforderungen hinsichtlich der Vorbildung des Landrats gestellt, er soll jedoch das Vertrauen der Bevölkerung genießen und die für das Amt erforderliche Eig-

---

[168] Gesetz vom 28. 10. 1954 (GVBl. S. 253).
[169] § 34 Abs. 1 Satz 2 LKO BW.
[170] § 38 Abs. 1 LKO Hes.
[171] § 55 Abs. 1 Satz 3 LKO Nds.
[172] § 38 Abs. 4 LKO NW i. V. m. § 49 GO NW.
[173] § 32 Abs. 2 Satz 2 LKO BW.
[174] § 37 Abs. 1, 2 LKO Hes.
[175] § 55 LKO Nds, § 38 Abs. 1 LKO NW.
[176] § 50 Abs. 1 Satz 1 LKO SH.
[177] Vgl. § 33 LKO BW.
[178] Vgl. Verhandlungen des Landtags, 71. Sitzung vom 23. 6. 1955, S. 3362—3373.
[179] § 34 Abs. 2 Satz 2 LKO BW.

nung besitzen[180]. In *Niedersachsen* und *Nordrhein-Westfalen* muß der Oberkreisdirektor die Befähigung zum Richteramt oder höheren Verwaltungsdienst besitzen[181], Ausnahmen sind in Niedersachsen mit Zustimmung des Landesministeriums möglich[182]. Der Landrat in *Schleswig-Holstein* muß „über die notwendigen Erfahrungen auf dem Gebiet der gemeindlichen Selbstverwaltung verfügen"[183].

Der Einfluß des Staates auf die Berufung der kommunalen Wahlbeamten ist in den einzelnen Ländern ebenfalls sehr unterschiedlich geregelt. In *Baden-Württemberg* legt der Kreisrat die aufgrund der öffentlichen Ausschreibung eingegangenen Bewerbungen dem Innenministerium vor. Innenministerium und Kreisrat benennen gemeinsam mindestens drei für die Leitung des Landratsamtes geeignete Bewerber, aus denen der Kreistag den Landrat wählt[184]. In *Hessen* bereitet ein Ausschuß des Kreistages die Landratswahl vor. Dieser Ausschuß hat im Benehmen mit der Aufsichtsbehörde die Bewerbungen zu sichten und über das Ergebnis in öffentlicher Sitzung des Kreistages zu berichten[185]. Außer der Teilnahme der Aufsichtsbehörde an der Sichtung der Bewerbungen ist das Land Hessen am Verfahren zur Wahl des Landrats nicht beteiligt. In *Nordrhein-Westfalen* bedarf die Wahl des Oberkreisdirektors der Bestätigung durch die Landesregierung[186], in *Schleswig-Holstein* ist eine Bestätigung der Wahl oder Wiederwahl des Landrats durch den Landesminister des Innern erforderlich[187]. Das Land *Niedersachsen* hat grundsätzlich keinerlei Einfluß auf die Berufung des Oberkreisdirektors, lediglich bei der Wahl eines Bewerbers ohne Befähigung zum höheren Verwaltungsdienst oder zum Richteramt ist die Zustimmung des Landesministeriums einzuholen[188].

### b) *Der Stellvertreter des Behördenleiters*

Die Landkreisordnung *Baden-Württemberg* unterscheidet die Stellvertretung im Kreistags- und Kreisratsvorsitz von der allgemeinen Stellvertretung des Landrats in der Verwaltung des Kreises und in der unteren staatlichen Verwaltungsbehörde. Allgemeiner Stellvertreter des Landrats in Verwaltungsangelegenheiten ist der erste Landesbeamte beim

---

[180] § 39 Abs. 1 LKO Hes.
[181] § 55 Abs. 2 Satz 2 LKO Nds, § 38 Abs. 1 Satz 2 LKO NW.
[182] § 55 Abs. 2 Satz 3 LKO Nds.
[183] § 50 Abs. 2 Satz 2 LKO SH.
[184] § 34 Abs. 2 LKO BW.
[185] § 38 Abs. 2 LKO Hes.
[186] § 38 Abs. 1 Satz 4 LKO NW.
[187] § 50 Abs. 4 Satz 1 LKO SH.
[188] § 55 Abs. 2 Satz 3 LKO Nds.

## II. Staatliche und kommunale Verwaltungsorganisation im Landkreis 41

Landratsamt, der vom Land im Benehmen mit dem Landrat[189] bestellt wird[190]. Die Vertreter im Vorsitz des Kreistages und des Kreisrates werden von den Mitgliedern dieser Gremien aus ihrer Mitte gewählt[191]. In *Bayern* wählt der Kreistag aus seiner Mitte den Stellvertreter des Landrats[192], der den Landrat sowohl in seinen kommunalen als auch in seinen staatlichen Funktionen vertritt. Allgemeiner Vertreter des Landrats in *Hessen* ist der Erste Kreisbeigeordnete[193], und zwar vertritt dieser den Landrat auch in dessen Eigenschaft als Leiter der unteren staatlichen Verwaltungsbehörde[194], doch kann der Regierungspräsident insoweit eine andere Regelung treffen[195]. In *Nordrhein-Westfalen* bestellt der Kreistag widerruflich aus den leitenden hauptamtlichen Beamten des Landkreises einen allgemeinen Vertreter des Oberkreisdirektors. Die Bestellung bedarf der Bestätigung durch den Innenminister[196]. Nach der Landkreisordnung für *Rheinland-Pfalz* wählt der Kreistag einen ersten und einen zweiten Kreisdeputierten. Diese Kreisdeputierten vertreten den Landrat in seinen kommunalen und staatlichen Funktionen[197]. Zur Vertretung in staatlichen Angelegenheiten bedürfen sie der Bestätigung der Aufsichtsbehörde, die aber nur bei Vorliegen wichtiger Gründe versagt werden darf[198]. Im *Saarland* wird der Landrat in Angelegenheiten des Kreises von den vom Kreistag aus seiner Mitte gewählten Kreisbeigeordneten[199], als Leiter der unteren staatlichen Verwaltungsbehörde durch Staatsbeamte[200] vertreten. Mit der allgemeinen Vertretung des Oberkreisdirektors wird in *Niedersachsen* ein hauptamtlicher Beamter des Kreises vom Kreistag beauftragt[201]. In *Schleswig-Holstein* wählt der Kreistag aus den Mitgliedern des Kreisausschusses einen Ersten und für den Fall von dessen Verhinderung einen Zweiten allgemeinen Stellvertreter des Landrats für den Vorsitz im Kreisausschuß[202], für die Vertretung in den sonstigen Funktionen des Landrats bestellt dieser im Einvernehmen mit dem Kreisausschuß

---

[189] Der Landrat muß vor der Bestellung gehört werden; eines Einvernehmens zwischen Land und Landrat bedarf es jedoch nicht.
[190] § 37 Abs. 5 LKO BW.
[191] §§ 16 Abs. 1 Satz 2, 27 Abs. 3 Satz 1 LKO BW.
[192] Art. 36 Abs. 1 LKO Bay.
[193] § 44 Abs. 4 LKO Hes.
[194] § 55 Abs. 6 Satz 2 LKO Hes.
[195] § 55 Abs. 6 Satz 3 LKO Hes.
[196] § 38 Abs. 2 LKO NW.
[197] §§ 15 Abs. 1 Satz 2, 26 Abs. 3 Satz 1 LKO RP.
[198] § 26 Abs. 3 Satz 3, 4 LKO RP.
[199] §§ 44 Abs. 1, 46 Abs. 1, 3 LKO Saar.
[200] § 15 Abs. 3 LVG Saar.
[201] § 55 Abs. 4 LKO Nds.
[202] § 53 LKO SH.

und dem Innenminister einen Beamten des Kreises oder einen zum Kreis abgeordneten Beamten[203].

### c) Die übrigen Dienstkräfte

Die allgemeine untere staatliche Verwaltungsbehörde bedarf zur Wahrung ihrer Zuständigkeiten neben dem Behördenleiter weiterer Dienstkräfte. Diese können Beamte, Angestellte und Arbeiter des Staates oder des Kreises sein.

In *Baden-Württemberg* werden die für die untere staatliche Verwaltungsbehörde erforderlichen Beamten vom Land, die Angestellten und Arbeiter vom Landkreis gestellt. Dabei wird jedem Landratsamt mindestens ein Landesbeamter mit der Befähigung zum höheren Verwaltungsdienst oder zum Richteramt zugeteilt[204]. Der Landrat kann vorübergehend Landesbeamte zur Besorgung von Angelegenheiten des Landkreises und Beamte des Landkreises zur Wahrnehmung von Zuständigkeiten der unteren staatlichen Verwaltungsbehörde heranziehen. Wenn ein nicht nur vorübergehender Austausch von Beamten beabsichtigt ist, bedarf diese Maßnahme jedoch der vorherigen Zustimmung des Innenministeriums[205].

Im Landratsamt in *Bayern* werden ebenfalls kreiskommunale und staatliche Dienstkräfte beschäftigt. Auch in Bayern wird jedem Landratsamt mindestens ein Staatsbeamter mit der Befähigung für den höheren Verwaltungsdienst oder für das Richteramt zugeteilt. Nach Bedarf werden Staatsbeamte des gehobenen, des mittleren und des einfachen Dienstes zugewiesen[206]. Die Angestellten und Arbeiter stellt der Landkreis. Der Landrat führt die Dienstaufsicht über Staats- und Kreisbedienstete. Er kann den Bediensteten Rechte und Pflichten übertragen und dabei Staatsaufgaben durch Kreisbedienstete und Kreisaufgaben durch Staatsbedienstete bearbeiten lassen[207].

Nach § 56 Absatz 1 Satz 1 der *Hessischen* Landkreisordnung hat das Land „für die Wahrnehmung der Aufgaben, die dem Landrat als Behörde der Landesverwaltung obliegen, ihm die erforderlichen Kräfte beizugeben". Außerdem kann der Landrat die zur Erfüllung seiner Aufgaben als Behörde der Landesverwaltung notwendigen Angestellten des Landkreises und die für die Aufsicht über die Gemeindefinanzen im Rahmen

---

[203] § 23 der Durchführungsverordnung zur Kreisordnung von Schleswig-Holstein vom 12. 9. 1959 (GVOBl. S. 49).
[204] § 45 Abs. 1 LKO BW.
[205] § 49 Abs. 1 LKO BW.
[206] Art. 37 Abs. 3 LKO Bay.
[207] Diese Austauschbarkeit der Dienstkräfte ist in der LKO Bay nicht ausdrücklich vorgesehen, sie ergibt sich jedoch aus dem Dienstaufsichtsrecht des Landrats; ebenso Fricke, a.a.O. S. 110; Widtmann, a.a.O. S. 66.

## II. Staatliche und kommunale Verwaltungsorganisation im Landkreis 43

der Aufsicht über die kreisangehörigen Gemeinden notwendigen Beamten des Landkreises heranziehen[208]. Die dem Landrat zugeteilten Staatsbediensteten können mit Zustimmung des Regierungspräsidenten und des Kreisausschusses auch in der Verwaltung des Kreises beschäftigt werden[209].

In *Nordrhein-Westfalen* werden die für die Wahrnehmung der Zuständigkeiten der unteren staatlichen Verwaltungsbehörde erforderlichen Dienstkräfte von den Landkreisen zur Verfügung gestellt[210]. Die Zuteilung von Landesbeamten zur Unterstützung bei der Durchführung der staatlichen Aufgaben ist zwar vorgesehen[211], diese Möglichkeit hat aber bisher keine praktische Bedeutung erlangt[212].

In *Rheinland-Pfalz* werden die von der allgemeinen unteren staatlichen Verwaltungsbehörde benötigten Beamten vom Land, die nichtbeamteten Dienstkräfte auch hierfür vom Landkreis zur Verfügung gestellt. Kreiskommunale Dienstkräfte können mit staatlichen Aufgaben, staatliche Dienstkräfte mit kreiskommunalen Aufgaben beschäftigt werden[213].

Im *Saarland* werden die staatliche Verwaltung und die Kommunalverwaltung grundsätzlich mit jeweils eigenen Kräften geführt[214], doch ist im Wege der Abordnung ein Austausch von Dienstkräften möglich.

### d) Die innere Organisation der Behörde

Die allgemeine untere staatliche Verwaltungsbehörde und die kommunale Kreisverwaltungsbehörde bilden, wie oben[215] bereits ausgeführt wurde, in Baden-Württemberg, Bayern und Rheinland-Pfalz eine Einheitsbehörde. In den Ländern Hessen, Nordrhein-Westfalen und im Saarland tritt die allgemeine untere staatliche Verwaltungsbehörde als selbständige Behörde in Erscheinung, steht aber in enger Verbindung mit der Kreisverwaltung. Für die interne Verwaltungsgliederung einer Behörde, die staatliche und kommunale Aufgaben zu erfüllen hat, bietet sich

---

[208] § 1 der Verordnung über die Heranziehung von Bediensteten und die Bereitstellung von Einrichtungen des Landkreises für die Aufgaben des Landrats als Behörde der Landesverwaltung (DVO zu § 56 LKO Hes) vom 25. 2. 1954 (GVBl. S. 29).
[209] § 56 Abs. 1 Satz 3 LKO Hes.
[210] § 50 Satz 1 LKO NW.
[211] § 50 Satz 2 LKO NW.
[212] Vgl. Rietdorf-Sigulla-Voss, Handbuch der Landesverwaltung Nordrhein-Westfalen, 1963 S. 311.
[213] § 2 LKO RP.
[214] Barth, Das Verfassungsrecht der saarländischen Landkreise, in: Die Landkreisordnungen in der Bundesrepublik, S. 249 ff. (255).
[215] Siehe oben S. 9 f.

auf den ersten Blick eine Aufteilung nach staatlichen und kommunalen Funktionsbereichen an. Denkbar ist jedoch auch eine Aufteilung der Zuständigkeiten nach Sachzusammenhang und Zweckmäßigkeitsgesichtspunkten. Die getroffenen Regelungen sind nicht nur von Land zu Land, sondern in manchen Ländern auch von Kreis zu Kreis sehr unterschiedlich. In einigen Ländern haben die Landkreistage in Zusammenarbeit mit den Innenministerien Muster-Verwaltungsgliederungspläne herausgegeben, die innerhalb des jeweiligen Landes eine weitgehende Einheitlichkeit bewirken.

In *Baden-Württemberg* ist ein Muster-Verwaltungsgliederungsplan bisher nicht erarbeitet worden. Infolgedessen ist die innere Organisation der Landratsämter in den einzelnen Kreisen sehr unterschiedlich. In der Regel bestehen unter dem Landrat als Chef der Einheitsbehörde Landratsamt Abteilungen der staatlichen Verwaltung und Abteilungen der Kreisselbstverwaltung. So bestehen zum Beispiel beim Landratsamt Vaihingen 18 Geschäftsteile, von denen zehn dem kommunalen Bereich und acht der unteren staatlichen Verwaltungsbehörde angehören[216].

Für die *bayerischen* Landkreise hat der Landkreisverband Bayern ein „Muster eines Organisationsplanes (Verwaltungsgliederungsplan und Geschäftsverteilungsplan)" herausgegeben[217]. Der Plan sieht zwei Abteilungen vor, die in Sachgebiete gegliedert sind. In den Abteilungen und Sachgebieten sind sachlich zusammengehörige Verwaltungsbereiche zusammengefaßt. Eine Unterteilung in eine „staatliche" und in eine „kommunale" Abteilung ist vermieden worden, wenngleich die Zuständigkeiten der allgemeinen unteren staatlichen Verwaltungsbehörde überwiegend in der Abteilung II wahrgenommen werden.

In *Hessen* arbeiten untere staatliche Verwaltungsbehörde und kommunale Kreisverwaltung voneinander getrennt. Unter dem Landrat als Behördenleiter sowohl des staatlichen als auch des kommunalen Bereichs steht im staatlichen Bereich ein „Hauptabteilungsleiter". Unter diesem Hauptabteilungsleiter nehmen die von Abteilungsleitern geführten Abteilungen I, II und III die Zuständigkeiten des Landrats als Behörde der Landesverwaltung wahr[218]. Das Sachgebiet Verkehr aus der Abteilung I wird in Landkreisen mit mehr als 30 000 zugelassenen Kraftfahrzeugen zu einer Abteilung IV verselbständigt.

---

[216] Das Landratsamt Vaihingen, hrsg. vom Landkreis Vaihingen, 1964, S. 36.

[217] Rundschreiben Nr. 40/65 vom 29. 10. 1965. Der Musterplan ist im Anhang wiedergegeben.

[218] Vgl. den im Anhang wiedergegebenen Rahmenorganisationsplan für die Landräte als Behörden der Landesverwaltung; der Plan beruht in seiner jetzt gültigen Fassung auf einem Kabinettsbeschluß der Hessischen Landesregierung vom 1. 2. 1966.

II. Staatliche und kommunale Verwaltungsorganisation im Landkreis 45

In dem vom Landkreistag *Nordrhein-Westfalen* herausgegebenen Muster eines Verwaltungsgliederungsplans[219] ist die allgemeine untere staatliche Verwaltungsbehörde gegenüber der kommunalen Kreisverwaltung nicht besonders abgehoben. Ihre Zuständigkeiten sind organisatorisch den Abteilungen der Kreisverwaltung zugewiesen, zu denen sie nach dem Sachzusammenhang gehören.

Der in Zusammenarbeit zwischen dem Ministerium des Innern und dem Landkreistag *Rheinland-Pfalz* ausgearbeitete Muster-Verwaltungsgliederungsplan[220] verteilt die Zuständigkeiten des Landratsamtes ohne Rücksicht auf ihren „staatlichen" oder „kommunalen" Charakter nach Sachzusammenhang und praktischem Bedürfnis auf „Abteilungen", die in „Referate" gegliedert sind. Die Referate umfassen einzelne „Sachgebiete". Die Abteilungen werden von „Abteilungsleitern", die Referate von „Referenten" und die Sachgebiete von „Sachbearbeitern" verwaltet.

Im *Saarland* ist das Landratsamt als allgemeine untere staatliche Verwaltungsbehörde von der Kreisverwaltung im Bereich der inneren Organisation getrennt. Die Kreisverwaltung Saarbrücken gliedert sich zum Beispiel in die zehn Abteilungen K I — K X, das staatliche Landratsamt in die 16 Abteilungen L I, L Ia, L Iz, L II — L XIV[221]. Die Abteilungen beider Bereiche sind in Arbeitsgebiete untergliedert. An der Spitze der Abteilungen stehen Abteilungsleiter. Zwischen dem Landrat und den Abteilungsleitern sind Dezernenten jeweils für mehrere Abteilungen zuständig. — Die im Landkreis Saarbrücken getroffene Regelung stimmt im wesentlichen mit der Organisation in den übrigen saarländischen Landkreisen überein.

*e) Die Beteiligung des Kreisausschusses
an der staatlichen Verwaltung*

In einigen Ländern wird auch der Kreisausschuß (in Baden-Württemberg der Kreisrat) vom Staat im Wege der Organleihe an der Erfüllung staatlicher Aufgaben beteiligt. So ist in *Baden-Württemberg* der Kreisrat für die Mitwirkung bei der Erfüllung staatlicher Aufgaben durch das Landratsamt in gesetzlich besonders geregelten Fällen zuständig[222]; im übrigen kann der Landrat den Kreisrat zu Angelegenheiten der unteren

---

[219] Vgl. Landkreistag Nordrhein-Westfalen, Stellenbewertung für Landkreise, 1959, S. 185.

[220] Rumetsch, Landesrecht in Rheinland-Pfalz, Band I, Nr. 14 b; vgl. auch Anhang.

[221] Vgl. Anhang.

[222] § 47 Abs. 1 LKO BW; Beispiel für eine spezialgesetzliche Regelung: Nach § 15 Abs. 1 des baden-württembergischen Polizeigesetzes vom 21. 11. 1955 (GVBl. S. 249) bedürfen Polizeiverordnungen der Kreispolizeibehörden, die länger als einen Monat gelten sollen, der Zustimmung des Kreisrats.

Verwaltungsbehörde anhören[223]. In *Hessen* soll der Landrat als Behörde der Landesverwaltung den Kreisausschuß weitestgehend unterrichten und ihn vor wichtigen Entscheidungen bei der Aufsicht über die kreisangehörigen Gemeinden hören[224]. Der Oberkreisdirektor als untere staatliche Verwaltungsbehörde in *Nordrhein-Westfalen* bedarf bei einer Reihe von Aufsichtsentscheidungen der Zustimmung des Kreisausschusses[225]. In *Rheinland-Pfalz* hat der Kreisausschuß die ihm durch Gesetz übertragenen Geschäfte der allgemeinen Landesverwaltung zu führen[226].

Die übrigen Länder haben eine Beteiligung des Kreisausschusses an der staatlichen Verwaltung im Landkreis nicht vorgesehen.

#### 4. Eingliederung in die Organisation der Landesverwaltung

Die Eingliederung der allgemeinen unteren staatlichen Verwaltungsbehörde in das Gefüge der Landesverwaltung wird einmal durch die Dienst- und Fachaufsicht der übergeordneten Behörden, zum anderen durch das Verhältnis zu den staatlichen Sonderbehörden der unteren Instanz bestimmt. Dienst- und Fachaufsicht kennzeichnen die Unterordnung und Weisungsgebundenheit der unteren staatlichen Verwaltungsbehörde im hierarchischen Verwaltungsaufbau des Staates. Im Gegensatz dazu wirft das Nebeneinander von allgemeiner staatlicher Behörde und staatlichen Sonderbehörden die Frage auf, wie die Erfüllung staatlicher Aufgaben durch gleichrangige staatliche Behörden in der Kreisebene möglichst wirksam koordiniert werden kann.

Die Dienstaufsicht bezieht sich auf die innerorganisatorische, geschäftsordnungsmäßige und personelle Gestaltung der nachgeordneten Behörden. Die Dienstaufsicht über die allgemeine untere staatliche Verwaltungsbehörde führt in den Ländern Baden-Württemberg, Bayern, Hessen, Nordrhein-Westfalen und Rheinland-Pfalz der Regierungspräsident (Regierungspräsidium, Regierung, Bezirksregierung)[227], im Saarland der Minister des Innern[228]. Die Fachaufsicht, die sich auf die rechtmäßige und

---

[223] § 47 Abs. 2 LKO BW.
[224] § 55 Abs. 4 LKO Hes.
[225] Vgl. § 48 Abs. 1 LKO NW, Beispiele: Genehmigung von Satzungen, Versagung der Genehmigung zur Verfügung über Vermögen nach § 64 Abs. 2 GO NW und ähnliche Entscheidungen.
[226] § 22 Abs. 1 Satz 4 LKO RP, Beispiele: Nach § 31 des Polizeiverwaltungsgesetzes von Rheinland-Pfalz vom 26. 3. 1954 (GVBl. S. 31) können die Landratsämter als Kreispolizeibehörden mit Zustimmung des Kreisausschusses Polizeiverordnungen für den Kreis oder für Teile des Kreises erlassen. Nach § 34 PVG RP kann u. U. die Zustimmung einer Gemeindevertretung zum Erlaß einer Polizeiverordnung durch die Zustimmung des Kreisausschusses ersetzt werden. Vgl. außerdem die Zuständigkeiten des Kreisausschusses nach § 62 GO RP.
[227] Vgl. z. B. § 21 Abs. 1 Satz 2 LVG BW, § 12 Abs. 2 Satz 3 LOG NW.
[228] § 18 Abs. 1 LVO Saar.

## II. Staatliche und kommunale Verwaltungsorganisation im Landkreis 47

zweckmäßige Erfüllung staatlicher Aufgaben durch die untergeordneten Behörden erstreckt, führen die ressortmäßig zuständigen Fachaufsichtsbehörden. Fachaufsichtsbehörden der allgemeinen unteren staatlichen Verwaltungsbehörden sind in den Ländern Baden-Württemberg, Bayern, Hessen, Nordrhein-Westfalen und Rheinland-Pfalz in der Regel ebenfalls die Regierungspräsidenten mit ihren gebündelten Zuständigkeiten[229], im Saarland die Minister innerhalb ihres Zuständigkeitsbereichs[230].

Während eine allgemeine untere staatliche Verwaltungsbehörde nur in den Ländern Baden-Württemberg, Bayern, Hessen, Nordrhein-Westfalen, Rheinland-Pfalz und im Saarland besteht, haben alle Länder der Bundesrepublik in der Kreisstufe staatliche Sonderbehörden errichtet. In sämtlichen deutschen Bundesländern bestehen folgende staatliche Sonderbehörden:

    Wasserwirtschaftsämter

    Staatshochbauämter

    Finanzämter

    Eichämter

    Bergämter

    Forstämter

    Flurbereinigungsämter (Kulturämter)

    Gewerbeaufsichtsämter

    Versorgungsämter

Weitere staatliche Sonderbehörden, die aber nicht einheitlich in allen Ländern vorkommen, sind die Straßenbauämter, die Seemannsämter, die Fischereiämter, die Polizei, die Gesundheitsämter, die Veterinärämter, die Vermessungsämter (Katasterämter), die Schulämter und die Landwirtschaftsämter. In manchen Ländern sind einige der zuletzt genannten Sonderbehörden in die Stadt- bzw. Landkreisselbstverwaltung eingegliedert worden[231]. So hat zum Beispiel das Land Nordrhein-Westfalen durch Gesetz vom 30. April 1948[232] u. a. die Katasterämter, Veterinärämter, Straßenverkehrsämter, Gesundheitsämter und die staatlichen Kreiskassen kommunalisiert, d. h. die Zuständigkeiten dieser Ämter werden jetzt von den kreisfreien Städten und den Landkreisen als Pflichtaufgaben zur Erfüllung nach Weisung wahrgenommen.

Angesichts der großen Anzahl von Sonderbehörden auf der Kreisstufe ist der Gedanke der Einheit der Verwaltung von einer Verwirklichung

---

[229] Vgl. § 22 Ziff. 1 und 2 LVG BW, § 13 Abs. 2 Ziff. 2 LOG NW.
[230] § 18 Abs. 2 LVG Saar.
[231] Vgl. auch unten S. 58.
[232] Gesetz über die Eingliederung staatlicher Sonderbehörden der Kreisstufe in die Kreis- und Stadtverwaltungen vom 30. 4. 1948 (GVBl. S. 180).

48  B. Die allgemeine untere staatliche Verwaltungsbehörde im Landkreis

weit entfernt. Um so mehr ist eine Koordinierung der Arbeit dieser Behörden erforderlich. In diesem Sinne hatte auch schon die *Preußische* Verordnung zur Vereinfachung und Verbilligung der Verwaltung vom 3. September 1932[233] dem Landrat als dem Leiter der allgemeinen unteren staatlichen Verwaltungsbehörde eine Koordinierungsfunktion zugelegt. § 12 Absatz 2 und 3 schrieb vor:

> Der Landrat hat darüber zu wachen, daß die Geschäftsführung der übrigen staatlichen Kreisbehörden nicht mit den Interessen der allgemeinen Landesverwaltung in Widerspruch gerät. Zu diesem Zweck haben sich die Vorsteher der Kreisbehörden mit dem Landrat in ständiger Fühlung zu halten. Sie haben nach näherer Anweisung des Regierungspräsidenten Verfügungen und Berichte durch die Hand des Landrats zu leiten und ihm zur Kenntnis zu bringen.
>
> Hält der Landrat die Maßnahme einer Kreisbehörde mit den Interessen der allgemeinen Landesverwaltung nicht für vereinbar, so hat er, falls sich ein Einvernehmen nicht herstellen läßt, die Entscheidung des Regierungspräsidenten einzuholen. Ist dies wegen Gefahr im Verzug nicht möglich, so ist der Landrat berechtigt, einstweilige Anordnungen zu treffen.

An diese preußische Regelung knüpft der sogenannte Harmonisierungserlaß des *rheinland-pfälzischen* Ministeriums des Innern vom 3. Mai 1954[234] an. In dem Erlaß wird darauf hingewiesen, daß die Preußische Verordnung in den Regierungsbezirken Koblenz, Trier und Montabaur noch geltendes Recht sei. Im übrigen wird für alle Regierungsbezirke eine weitgehende Zusammenarbeit der Landräte mit den Leitern der Staatlichen Gesundheitsämter, Regierungsveterinärämter und der Kataster-(Vermessungs-)Ämter angeordnet. Der Erlaß vom 3. Mai 1954 wurde durch Erlaß vom 25. Januar 1966[235] in Erinnerung gebracht. Seine entsprechende Anwendung auf andere staatliche Sonderbehörden der Kreisstufe ist hinsichtlich einiger Behörden bereits angeordnet[236], hinsichtlich anderer geplant.

Im übrigen findet sich eine der preußischen Regelung vollinhaltlich entsprechende Vorschrift heute nur noch im *Saarland*[237]. In *Baden-Württemberg* sollen das Landratsamt und die im Gebiet des Landkreises tätigen staatlichen Sonderbehörden im Interesse des allgemeinen Wohls zusammenarbeiten. Der Landrat, der für die Zusammenarbeit Sorge zu tragen hat, ist von den Sonderbehörden über Vorgänge und beabsichtigte Maßnahmen, die für den Landkreis von allgemeiner Bedeutung sind, recht-

---

[233] GS S. 283.
[234] MBl. Sp. 769 ff.
[235] MBl. Sp. 130.
[236] Vgl. Runderlaß des MdI vom 28. 4. 1966 (MBl. Sp. 506), Gemeinsamer Runderlaß des Ministeriums für Unterricht und Kultus vom 6. 7. 1966 (MBl. Sp. 983).
[237] § 11 LVG Saar.

## II. Staatliche und kommunale Verwaltungsorganisation im Landkreis 49

zeitig zu unterrichten[238]. Der *hessische* Landrat hat als Behörde der Landesverwaltung darauf hinzuwirken, daß die Verwaltungsbehörden im Kreis in einer dem Gemeinwohl dienlichen Weise zusammenarbeiten. Die Sonderbehörden sollen mit dem Landrat Fühlung halten[239]. In *Nordrhein-Westfalen* hat der Oberkreisdirektor als untere staatliche Verwaltungsbehörde ebenfalls für eine Zusammenarbeit der im Landkreis tätigen Landesbehörden zu sorgen. Er hat über alle Vorgänge zu berichten, die für die Landesregierung von Bedeutung sind und kann sich zu diesem Zweck bei den staatlichn Verwaltungsbehörden unterrichten. Die Behörden sind, soweit nicht gesetzliche Vorschriften entgegenstehen, zur Auskunft verpflichtet[240]. Ein solches Unterrichtungsrecht steht auch dem Oberkreisdirektor in *Niedersachsen* zu[241]. Die Koordinierungsfunktion für sämtliche Behörden der unteren Verwaltungsstufe soll dagegen nach § 5 des Entwurfs eines Niedersächsischen Landesverwaltungsgesetzes dem Regierungspräsidenten obliegen. In *Bayern* und *Schleswig-Holstein* bestehen keine Vorschriften über die Koordinierung der staatlichen Verwaltung im Landkreis. In Schleswig-Holstein dürfte das darauf zurückzuführen sein, daß nach § 2 Absatz 3 der Kreisordnung Sonderverwaltungen des Landes für das Kreisgebiet neben der Kreisverwaltung nicht bestehen sollen und die vorhandenen Sonderverwaltungen möglichst auf die Kreisverwaltungen zu überführen sind. Dieser Programmsatz ist aber bisher nicht erfüllt worden. Für die Abwehr von Katastrophen und die Vorbereitung dieser Abwehr wird in Schleswig-Holstein durch die Richtlinien des Innenministers für die Abwehr von Katastrophen vom 17. Oktober 1956 (ABl. S. 469) dem Landrat die Vollmacht verliehen, sämtliche in Betracht kommenden Behörden unter seiner Leitungs- und Befehlsgewalt zusammenzufassen.

### 5. Polizei und Schulamt

Die Verbindung zwischen Landratsamt bzw. Kreisverwaltung und der für den Kreis zuständigen Polizeibehörde[242] ist in den Ländern der Bundesrepublik unterschiedlich geregelt. In *Baden-Württemberg* wird der Polizeivollzugsdienst in den Landkreisen von Kreiskommissariaten wahrgenommen, denen Landespolizei-Abteilungen (in den Großen Kreisstädten) und Landespolizei-Posten (in den mittleren und kleineren Ge-

---

[238] § 48 LKO BW; vgl. dazu die von der Landesregierung erlassenen „Grundsätze über die Zusammenarbeit des Landratsamtes mit den unteren Sonderbehörden", GBl. 1963 S. 5.
[239] § 55 Abs. 1 LKO Hes.
[240] §§ 48 Abs. 4, 49 Abs. 1 LKO NW.
[241] § 57 Abs. 3 LKO Nds.
[242] Der Begriff „Polizei" wird hier im Sinne von Vollzugspolizei gebraucht.

50  B. Die allgemeine untere staatliche Verwaltungsbehörde im Landkreis

meinden) nachgeordnet sind[243]. Die Fachaufsicht über die Polizeivollzugsbehörden führen die allgemeinen Polizeibehörden[244], das sind in den Kreisen die Landratsämter und die Großen Kreisstädte[245]. Diese können den Polizeivollzugsbehörden im Rahmen ihrer Zuständigkeit Weisungen erteilen[246]. Eine organisatorische Verbindung zwischen Landratsamt und Kreiskommissariat besteht nicht. — In *Bayern* fällt nach Artikel 83 der Verfassung die örtliche Polizei[247] in den eigenen Wirkungskreis der Gemeinden. Daher hat jede Gemeinde das Recht, eine eigene Polizei zu errichten[248]. In nicht genügend leistungsfähigen kreisangehörigen Gemeinden können auf Antrag die polizeilichen Zuständigkeiten durch die staatliche Landpolizei wahrgenommen werden, die außerdem für die gemeindefreien Gebiete zuständig ist[249]. Dienststellen der Landpolizei sind die Landpolizeistationen für den Bereich bestimmter Gemeinden oder gemeindefreier Gebiete, die Landpolizeiinspektionen für die Landkreise, die Landpolizeidirektionen für die Regierungsbezirke und das Präsidium der Bayerischen Landpolizei als nachgeordnete Behörde des Staatsministeriums des Innern[250]. Da die Gemeindepolizei ein unselbständiger Teil der Gemeindeverwaltung ist, sind die nach der Gemeindeordnung zuständigen Gemeindeorgane weisungsbefugt[251]. In Angelegenheiten des übertragenen Wirkungskreises und im Rahmen der Ermittlungs- und Vollzugshilfe sind auch bestimmte staatliche Verwaltungsbehörden weisungsbefugt[252]. Innerhalb des staatlichen Wirkungskreises und für das Gebiet der Ermittlungs- und Vollzugshilfe besteht ein „horizontales" Weisungsrecht[253] der staatlichen Verwaltungsbehörden gegenüber den organisatorisch selbständigen staatlichen Polizeidienststellen[254].

In *Hessen* werden bei den Landräten als Behörden der Landesverwaltung Dienststellen der Schutzpolizei errichtet[255]. Eine kommunale

---

[243] § 17 der Zweiten Verordnung des Innenministeriums zur Durchführung des Polizeigesetzes vom 27. 3. 1956 (GBl. S. 81).

[244] Ordnungsbehörden.

[245] § 50 Abs. 3 des Polizeigesetzes (PG BW) vom 21. 11. 1955 (GBl. S. 249), § 14 LVG BW.

[246] § 63 Abs. 1 PG BW.

[247] In Bayern ist der Polizeibegriff eingeschränkt auf den Vollzugsdienst, siehe Art. 1, 2 des Gesetzes über die Aufgaben und Befugnisse der Polizei in Bayern, i. d. F. vom 3. 4. 1963 (SaBl. S. 637).

[248] Art. 9 des Gesetzes über die Organisation der Polizei in Bayern (POG) vom 20. 10. 1954 (SaBl. S. 1087).

[249] Art. 34 POG.

[250] Art. 27 POG.

[251] Art. 15 Abs. 2 POG.

[252] Art. 14, 15 POG.

[253] Wolff, Verwaltungsrecht III, 1965 S. 30.

[254] Art. 2 Abs. 3, Art. 31 POG.

[255] § 68 Abs. 1 des hessischen Gesetzes über die öffentliche Sicherheit und Ordnung (HSOG) vom 17. 12. 1964 (GVBl. S. 209).

## II. Staatliche und kommunale Verwaltungsorganisation im Landkreis

Vollzugspolizei besteht dagegen in der Regel in kreisfreien Städten sowie im Gebiet von Gemeinden mit mehr als 20 000 Einwohnern[256]. Die Dienststellen der Schutzpolizei sind Teil der Behörde, bei der sie errichtet sind, besitzen also keine eigene Behördeneigenschaft[257]. — In *Nordrhein-Westfalen* sind Kreispolizeibehörden die Oberkreisdirektoren als untere staatliche Verwaltungsbehörden[258]. Die Kreispolizeibehörden sind staatliche Sonderbehörden[259], sind aber durch die Identität ihres Behördenleiters mit dem Hauptverwaltungsbeamten des Kreises und durch die Eingliederung der Verwaltungsabteilung in die Kreisverwaltung mit dieser und der allgemeinen unteren staatlichen Verwaltungsbehörde organisatorisch verbunden.

In *Rheinland-Pfalz* sind in den Landkreisen die Landratsämter Kreispolizeibehörde[260]. Die gleiche Regelung besteht im *Saarland*[261].

In *Niedersachsen* sind die zu Inspektionen zusammengefaßten Polizeiabschnitte in den Landkreisen keine selbständigen Behörden, sondern Teile der Polizeibehörde „Regierungspräsident" (bzw. Präsident des Verwaltungsbezirks). Eine organisatorische Verbindung zur Kreisverwaltung besteht nicht. — In *Schleswig-Holstein* bestehen in den Landkreisen Polizeiinspektionen als Dienststellen der Schutzpolizei[262]. Sie sind selbständige Behörden. Polizei und Verwaltungsbehörden sind verpflichtet, zur Abwehr von Gefahren für die öffentliche Sicherheit und Ordnung zusammenzuarbeiten[263].

Einige Länder der Bundesrepublik haben auch eine organisatorische Verbindung zwischen der allgemeinen Verwaltungsbehörde des Landkreises (Landratsamt bzw. Kreisverwaltung) und der staatlichen Schulaufsichtsbehörde der unteren Instanz geschaffen. Diese Verbindung beruht auf dem Organisationsgedanken des § 13 der Ersten Preußischen Vereinfachungsverordnung vom 3. September 1932[264]. Nach dieser Vorschrift konnte das Staatsministerium einzelne Kreisbehörden mit dem Landrat zu einem Kreisamt beim Landratsamt vereinigen, der Landrat und der Leiter der anderen Behörde sollten gemeinsam entscheiden. Von

---

[256] § 66 Abs. 1 HSOG.
[257] § 68 Abs. 1 Satz 2 HSOG.
[258] § 6 des Gesetzes über die Organisation und Zuständigkeit der Polizei im Lande Nordrhein-Westfalen (POG NW) vom 11. 8. 1953 (GVBl. S. 148).
[259] § 9 LOG.
[260] § 74 Abs. 2 Polizeiverwaltungsgesetz von Rheinland-Pfalz vom 26. 3. 1954 (GVBl. S. 31).
[261] Im Saarland gilt das Preußische Polizeiverwaltungsgesetz (PrPVG) vom 1. 6. 1931 (GS S. 77) fort.
[262] § 5 Abs. 1 des Gesetzes über die Organisation der Polizei in Schleswig-Holstein (POG SH) vom 22. 12. 1952 (GVOBl. S. 185).
[263] § 19 Abs. 1 POG SH.
[264] GS S. 283; vgl. oben S. 48.

der Möglichkeit der Einrichtung solcher Kreisämter wurde insofern Gebrauch gemacht, als in einigen Regierungsbezirken (Schleswig, Allenstein, Merseburg, Köln) Schulämter, die aus dem Landrat und dem örtlich zuständigen Schulrat bestanden, eingerichtet wurden[265].

Entsprechend diesem Organisationsprinzip haben die Länder Bayern, Nordrhein-Westfalen, Rheinland-Pfalz und Schleswig-Holstein Schulämter eingerichtet. Die Regelung in *Bayern* beruht schon auf dem Gesetz über die Schulleitung und die Schulaufsicht an den öffentlichen Volksschulen vom 14. März 1938[266]. Danach besteht bei jedem Landratsamt ein Bezirksschulamt, das aus dem Landrat und dem Schulrat besteht (Artikel 12). In *Nordrhein-Westfalen* sind in den kreisfreien Städten und Landkreisen Schulämter errichtet. Das Schulamt im Landkeis besteht aus dem Oberkreisdirektor und dem staatlichen Schulrat. Dem Schulamt können mehrere Schulräte angehören[267]. In *Rheinland-Pfalz* besteht das Schulamt bei jedem Landratsamt aus dem Landrat und dem Schulrat (den Schulräten) und führt die Bezeichnung Kreisschulamt[268]. Auch in *Schleswig-Holstein* sind in den Kreisen Schulämter eingerichtet, die aus dem Landrat und dem Schulrat bestehen[269]. Die Schulämter sind selbständige Behörden neben den allgemeinen Verwaltungsbehörden. — In den übrigen Ländern besteht keine organisatorische Verbindung zwischen allgemeiner Verwaltungsbehörde und Schulaufsichtsbehörde, beide Behörden sind jedoch gehalten, ein Einvernehmen in den sie gleichermaßen betreffenden Fragen anzustreben[270].

### 6. Haftung für Amtspflichtverletzungen

Bei einer Behörde, in der staatliche und kommunale Dienstkräfte mit der Erfüllung von Aufgaben zweier Körperschaften betraut sind, stellt sich die Frage, welches Gemeinwesen für Amtspflichtverletzungen der Bediensteten dieser Behörde haftet. Nach Artikel 34 des Grundgesetzes trifft die Verantwortung grundsätzlich den Staat oder die Körperschaft, in deren Dienst der Bedienstete steht. In der Rechtsprechung des Reichsgerichts (zu Artikel 131 der Weimarer Reichsverfassung) und des Bundesgerichtshofes herrscht die sogenannte Anstellungstheorie, die unter Be-

---

[265] § 11 der Ersten Durchführungverordnung zur Ersten Vereinfachungsverordnung vom 30. 3. 1933 (GS S. 83).
[266] BayBS II S. 582.
[267] § 18 Abs. 2, 4 des Schulverwaltungsgesetzes vom 3. 6. 1958 (GV NW S. 241).
[268] § 46 des Landesgesetzes über die Volksschule vom 4. 2. 1955 (GVBl. S. 1).
[269] § 38 des Gesetzes über die Unterhaltung und Verwaltung der öffentlichen Schulen i. d. F. vom 14. 12. 1965 (GVOBl. S. 173).
[270] Vgl. z. B. § 53 Abs. 4 des Hessischen Gesetzes über die Unterhaltung und Verwaltung der öffentlichen Schulen und die Schulaufsicht vom 28. 6. 1961 (GVBl. S. 77).

II. Staatliche und kommunale Verwaltungsorganisation im Landkreis 53

rufung auf den Wortlaut des Artikels 34 Satz 1 darauf abstellt, welche Körperschaft den Organwalter angestellt hat und besoldet[271]. Es kommt also grundsätzlich nicht darauf an, wessen Aufgaben der Beamte oder Angestellte wahrnahm, als er die Amtspflichtverletzung beging.

Eine Ausnahme von diesem Grundsatz machte aber schon das Reichsgericht für den Fall des preußischen Landrats. Es folgerte aus der doppelten Organstellung des Landrats, daß er in Diensten des Staates und des Kreises stehe und sowohl staatlicher wie kommunaler Beamter sei[272]. Soweit der Landrat staatliche Aufgaben zu erfüllen habe, hafte für ihn der Staat, soweit er für den kommunalen Kreis tätig werde, hafte der Kreis. Diese sogenannte Funktionstheorie wandte das Reichsgericht aber nicht auf die dem Landrat beigegebenen staatlichen oder kreiskommunalen Beamten an. Da diese nur vom Staat oder nur vom Kreis angestellt seien, hafte für die einen nur der Staat, für die anderen nur der Kreis[273].

Der Bundesgerichtshof hat es ebenfalls abgelehnt, die Funktionstheorie auf Beamte ohne Doppelstellung auszudehnen[274]. Es ist daher davon auszugehen, daß jedenfalls für Amtspflichtverletzungen dieser Bediensteten nach der Anstellungstheorie die jeweilige Anstellungskörperschaft haftet, soweit nicht eine anderweitige gesetzliche Regelung getroffen ist.

Im übrigen vermag aber auch die Begründung des Reichsgerichts für die Anwendung der Funktionstheorie bei Amtspflichtverletzungen des preußischen Landrats nicht zu überzeugen. Die Vorstellung des Reichsgerichts, der preußische Landrat sei aufgrund einer doppelten Anstellung sowohl staatlicher als auch kreiskommunaler Beamter[275], ist unrichtig. Der preußische Landrat war lediglich Staatsbeamter, nicht auch Beamter des Landkreises. Seine doppelte Organstellung beruhte nicht auf einer doppelten Anstellung, sondern darauf, daß der Staat ihn dem Kreis im Wege der Organleihe als Kreisorgan zur Verfügung stellte. Ebenso ist die Lage in den sechs Bundesländern mit allgemeiner unterer staatlicher Verwaltungsbehörde. In Rheinland-Pfalz und im Saarland sind die Landräte staatliche Beamte, die gesetzlich den Kreisen im Wege der Organleihe zur Verfügung gestellt werden; in Baden-Württemberg, Bayern, Hessen und Nordrhein-Westfalen sind die Landräte (in Nordrhein-Westfalen die Oberkreisdirektoren) Beamte der Landkreise, die dem Staat für die Lei-

---

[271] Vgl. z. B. RGZ 88 S. 257; 104 S. 263 f.; 125 S. 11 ff.; 126 S. 83; 128 S. 359; 139 S. 298 f.; 140 S. 126 ff.; 142 S. 193 ff.; 168 S. 218; 168 S. 364 ff.; BGHZ 2 S. 350; 6 S. 215; 7 S. 75; LM Art. 34 GG Nr. 24.
[272] z. B. RGZ 140 S. 126 ff. (127).
[273] RGZ 140 S. 127.
[274] BGHZ LM Art. 34 GG Nr. 24 = DÖV 1955 S. 554 ff.
[275] RGZ 140 S. 127.

tung der allgemeinen unteren Verwaltungsbehörde gesetzlich überlassen sind.

Die Frage, ob es im Hinblick auf Amtspflichtverletzungen der Beamten mit doppelter Organstellung darauf ankommt, als wessen Funktionsträger der Beamte im Einzelfall tätig geworden ist, oder ob auch in diesen Fällen die Anstellungstheorie gilt, kann hier nicht näher untersucht werden. Der Bundesgerichtshof hat, soweit ersichtlich, die Frage bisher nicht entschieden[276]. Die Entwicklung der Rechtsprechung in diesem Punkt wird abzuwarten sein.

Einige Länder der Bundesrepublik haben in der Frage der Haftung für Amtspflichtverletzungen der Bediensteten der Landratsämter gesetzliche Sonderregelungen getroffen. So hat das Land *Baden-Württemberg* sich hinsichtlich der Haftung für Amtspflichtverletzungen des Landrats und der übrigen Beamten des Landratsamtes für die Anwendung der Funktionstheorie entschieden[277]. Da diese Regelung ausdrücklich nur für Beamte gilt, wird man annehmen müssen, daß für Amtspflichtverletzungen von Angestellten stets der Landkreis als Anstellungskörperschaft haftet. *Bayern* hat die gleiche Regelung, allerdings ohne die Beschränkung auf Beamte, getroffen[278]. Für die Folgen einer Amtspflichtverletzung haftet daher der Staat, wenn es sich um eine Angelegenheit der unteren staatlichen Verwaltungsbehörde, der Landkreis, wenn es sich um eine kreiskommunale Angelegenheit gehandelt hat. In *Hessen, Nordrhein-Westfalen, Rheinland-Pfalz* und im *Saarland* bestehen keine landesrechtlichen Sonderregelungen. Es gelten daher die allgemeinen Grundsätze.

### 7. Die Zuständigkeiten der allgemeinen unteren staatlichen Verwaltungsbehörde

Die allgemeinen unteren staatlichen Verwaltungsbehörden in den Ländern Baden-Württemberg, Bayern, Hessen, Nordrhein-Westfalen, Rheinland-Pfalz und im Saarland haben sehr unterschiedliche Zuständigkeitsbereiche. Der Grund dafür liegt nicht darin, daß in einigen Ländern wesentlich mehr oder andere staatliche Aufgaben zu erfüllen sind als in den übrigen. Es kann vielmehr davon ausgegangen werden, daß der Aufgabenbestand der Länder weitgehend gleich ist[279]. Die Unterschiedlich-

---

[276] In der vielfach als Belegstelle für eine Übernahme der Rechtsprechung des Reichsgerichts zitierten Entscheidung BGH LM Art. 34 GG Nr. 24 = DÖV 1955 S. 554 = DVBl. 1955 S. 329 f. hat das Gericht die Rechtsprechung des Reichsgerichts lediglich referiert. Auf die Frage einer Übernahme der Rechtsprechung brauchte es nicht einzugehen, da nicht die Haftung für eine Amtspflichtverletzung eines Beamten mit doppelter Organstellung zu entscheiden war.
[277] §§ 46 Abs. 2, 49 Abs. 2 LKO BW.
[278] §§ 35, Abs. 3, 37 Abs. 5 LKO Bay.
[279] Allerdings ist nicht zu verkennen, daß z. B. ein Küstenland Aufgaben zu

## II. Staatliche und kommunale Verwaltungsorganisation im Landkreis 55

keit der Zuständigkeitsbereiche hat ihre Ursache hauptsächlich darin, daß staatliche Aufgaben nicht nur durch staatliche Behörden, sondern auch durch die Organe und Behörden anderer Körperschaften erfüllt werden können und daß die Länder von dieser Möglichkeit der Verlagerung der Aufgabenerfüllung bezüglich der Landkreise unterschiedlichen Gebrauch gemacht haben.

Eine vergleichende Darstellung aller Einzelzuständigkeiten der allgemeinen unteren staatlichen Verwaltungsbehörden in den sechs Ländern würde über den Rahmen dieser Untersuchung hinausgehen. Wichtig ist jedoch, durch vergleichende Betrachtung von Zuständigkeitsgruppen die in den einzelnen Ländern unterschiedliche Art der Erfüllung staatlicher Aufgaben in der Kreisstufe aufzuzeigen.

Eine besonders bedeutsame staatliche Aufgabe ist die Kommunalaufsicht. Diese Aufgabe wird in allen Ländern mit allgemeiner unterer staatlicher Verwaltungsbehörde durch diese Behörde erfüllt.

In *Baden-Württemberg* führt das Landratsamt als untere staatliche Verwaltungsbehörde die Rechtsaufsicht über die kreisangehörigen Gemeinden mit Ausnahme der Großen Kreisstädte[280]. Die Rechtsaufsicht ist darauf beschränkt, die Gesetzmäßigkeit der Verwaltung sicherzustellen[281]. Für die Durchführung der Aufsicht kommt dem Landratsamt ein Informationsrecht, ein Beanstandungs- und Anordnungsrecht, das Recht zur Ersatzvornahme und die Möglichkeit der Bestellung eines Beauftragten, der alle oder einzelne Aufgaben der Gemeinde auf deren Kosten wahrnimmt, zu[282]. Zur Zuständigkeit des Landratsamtes als Rechtsaufsichtsbehörde über die Gemeinden gehören im übrigen die Genehmigung von Schuldaufnahmen und Gewährschaften[283], die Prüfung der Kassen-, Haushalts- und Rechnungsführung[284] sowie die Aufsicht über die Bewirtschaftung der Waldungen[285].

In *Bayern* obliegt die Rechtsaufsicht über die kreisangehörigen Gemeinden ebenfalls dem Landratsamt als unterer staatlicher Verwaltungs-

---

erfüllen hat, die in einem Binnenland nicht anfallen; auch hat ein Industrieland z. T. wesentlich andere Probleme als ein überwiegend agrarisch strukturiertes Land zu bewältigen.

[280] § 119 der Gemeindeordnung für Baden-Württemberg (GO BW) vom 27. 7. 1955 (GBl. S. 129); die Aufsicht über die Großen Kreisstädte (Gemeinden mit mehr als 20 000 Einwohnern können auf Antrag von der Landesregierung zu Großen Kreisstädten erklärt werden, § 3 Abs. 2 GO BW) führt das Regierungspräsidium.
[281] § 118 Abs. 1 GO BW.
[282] §§ 120—124 GO BW.
[283] §§ 92 ff. GO BW.
[284] § 114 f. GO BW.
[285] §§ 78 Abs. 3, 80 Abs. 4 GO BW.

behörde[286]. Die Rechtsaufsicht umfaßt im wesentlichen die gleichen Einzelzuständigkeiten wie in Baden-Württemberg.

In *Hessen* ist der Landrat als Behörde der Landesverwaltung Aufsichtsbehörde der Gemeinden mit weniger als 30 000 Einwohnern[287]. Ist jedoch in einer vom Landrat als Aufsichtsbehörde zu entscheidenden Angelegenheit der Kreis zugleich als Gemeindeverband beteiligt, entscheidet die obere Aufsichtsbehörde (der Regierungspräsident)[288]. In *Nordrhein-Westfalen* führt der Oberkreisdirektor als untere staatliche Verwaltungsbehörde die allgemeine Aufsicht über die kreisangehörigen Gemeinden und Ämter[289]. Auch hier entscheidet die Aufsichtsbehörde über den Landkreis, also der Regierungspräsident, wenn an einer an sich vom Oberkreisdirektor zu treffenden Entscheidung der Landkreis beteiligt ist[290]. Auch in Hessen und Nordrhein-Westfalen gehören zur Kommunalaufsicht im wesentlichen die gleichen Zuständigkeiten wie in Baden-Württemberg.

Aufsichtsbehörde über die kreisangehörigen Gemeinden mit Ausnahme der großen Städte ist in *Rheinland-Pfalz* das Landratsamt[291]. Im *Saarland* ist Kommunalaufsichtsbehörde über die kreisangehörigen Gemeinden mit Ausnahme der Mittelstädte der Landrat, bei einer Beteiligung des Landkreises in der vom Landrat als Kommunalaufsichtsbehörde zu entscheidenden Angelegenheit der Minister des Innern[292]. Die Aufsichtsbehörden in Rheinland-Pfalz und im Saarland haben die auch in den anderen Ländern bestehenden Zuständigkeiten.

In *Niedersachsen* ist Aufsichtsbehörde der kreisangehörigen Gemeinden mit Ausnahme der selbständigen Städte „der Landkreis", bei einer Beteiligung des Landkreises in der vom Landkreis als Aufsichtsbehörde zu entscheidenden Angelegenheit tritt an seine Stelle die obere Aufsichtsbehörde, der Regierungspräsident (Präsident des Verwaltungsbezirks)[293]. Beim Kreis ist das für die Ausübung der Kommunalaufsicht zuständige Organ der Oberkreisdirektor. Der Oberkreisdirektor entscheidet grundsätzlich ohne Mitwirkung der kommunalen Beschlußorgane, nur zur Versagung einer kommunalaufsichtlichen Genehmigung bedarf er der Zu-

---

[286] Art. 110 der Gemeindeordnung für den Freistaat Bayern (GO Bay) vom 25. 1. 1952 (GVBl. S. 19).
[287] § 136 Abs. 3 der Hessischen Gemeindeordnung (GO Hes) vom 25. 2. 1952 (GVBl. I S. 11).
[288] § 136 Abs. 5 GO Hes.
[289] § 48 Abs. 1 Satz 1 LKO NW.
[290] § 48 Abs. 2 LKO NW.
[291] § 121 Abs. 1 der Gemeindeordnung, Teil A des Selbstverwaltungsgesetzes für Rheinland-Pfalz vom 25. 9. 1964 (GVBl. S. 145).
[292] § 120 Abs. 1 und 3 der Gemeindeordnung, Teil A des Saarländischen Gesetzes Nr. 788 über die Selbstverwaltung der Gemeinden, Ämter und Landkreise vom 15. 1. 1964 (Amtsbl. S. 123).
[293] § 127 Abs. 2, 3, 5 der Niedersächsischen Gemeindeordnung vom 4. 3. 1955 (GVBl. I S. 55).

## II. Staatliche und kommunale Verwaltungsorganisation im Landkreis 57

stimmung des Kreisausschusses[294]. In *Schleswig-Holstein* ist der Landrat Kommunalaufsichtsbehörde für die Landgemeinden und die kreisangehörigen Städte bis 20 000 Einwohner. An seiner Stelle entscheidet bei einer Beteiligung des Landkreises der Innenminister[295]. In Niedersachsen nehmen die Landkreise die Kommunalaufsicht im übertragenen Wirkungskreis als Weisungsaufgaben[296] wahr, in Schleswig-Holstein wird der Landrat als Organ des Kreises speziell zur Ausübung der Kommunalaufsicht im Wege der Organleihe in Anspruch genommen. Er wird aber auch insoweit nicht als untere staatliche Verwaltungsbehörde angesehen[297].

Die allgemeinen unteren staatlichen Verwaltungsbehörden in Baden-Württemberg, Bayern, Hessen, Nordrhein-Westfalen, Rheinland-Pfalz und im Saarland nehmen neben der Kommunalaufsicht über die Gemeinden und Gemeindeverbände überwiegend auch noch andere Aufsichtsfunktionen wahr. Von den zahlreichen Zuständigkeiten seien hier nur erwähnt die Aufsicht über die Zweckverbände, über die Wasser- und Bodenverbände, die Aufsicht in Jagd- und Fischereiangelegenheiten, im Versicherungswesen und die Aufsicht über die Wahrnehmung von Weisungsaufgaben.

Aus dem übrigen Tätigkeitsbereich der allgemeinen unteren staatlichen Verwaltungsbehörden ist die Zuständigkeit auf dem Gebiet des Personenstandswesens besonders hervorzuheben, da diese Materie neben manchen Aufsichtsfunktionen die einzige ist, die in allen sechs Ländern mit einer allgemeinen unteren staatlichen Verwaltungsbehörde dieser Behörde übertragen ist[298]. Hinsichtlich der übrigen Zuständigkeiten besteht eine weitgehende Übereinstimmung in den Ländern Baden-Württemberg, Bayern, Hessen, Rheinland-Pfalz und im Saarland, während in Nordrhein-Westfalen überwiegend die Zuständigkeit der Kreisverwaltungsbehörde gegeben ist, die die Landesaufgaben als Pflichtaufgaben zur Erfüllung nach Weisung wahrnimmt.

Ein Beispiel für die eben beschriebene Zuständigkeitsregelung bildet das Verkehrswesen. In den fünf Ländern sind die unteren staatlichen Verwaltungsbehörden u. a. zuständig für die Erteilung und Entziehung von Fahrerlaubnissen, Anordnung der Aufstellung von Verkehrszeichen,

---

[294] § 57 Abs. 1 Ziff. 6 LKO Nds.
[295] § 121 Abs. 1, 4 der Gemeindeordnung für Schleswig-Holstein vom 24. 1. 1950 (GVOBl. S. 25).
[296] Im Sinne von § 4 LKO Nds.
[297] Vgl. Laux, Kommentar zur Kreisordnung für Schleswig-Holstein, § 2 Anm. 2 (S. 12 oben).
[298] Also auch in Nordrhein-Westfalen, wo der Oberkreisdirektor als untere staatliche Verwaltungsbehörde im übrigen nur Aufsichtsfunktionen wahrnimmt; vgl. Verordnung der Landesregierung über Zuständigkeiten im Personenstandswesen vom 21. 1. 1958 (GVBl. S. 31 f.).

Zulassung von Kraftfahrzeugen zum Straßenverkehr, Überwachung der Kraftfahrzeuge, Bestimmung der Nahzonen und Standorte im Güterkraftverkehr, Erlaubniserteilung und Aufsicht (einschließlich Bußgeldverfahren) im Güternahverkehr, gewerbliche Personenbeförderung, Wegeaufsicht u. a. In Nordrhein-Westfalen ist die Verkehrsverwaltung auf der Kreisstufe durch das Gesetz über die Eingliederung staatlicher Sonderbehörden der Kreisstufe in die Kreis- und Stadtverwaltungen vom 30. April 1948 (GVBl. S. 180) auf die Kreisverwaltung übertragen worden.

Die Zuständigkeit für das Gesundheits- und Veterinärwesen ist recht unterschiedlich geregelt. In Nordrhein-Westfalen werden die Aufgaben dieser Bereiche von den Kreisen erfüllt, in deren Verwaltung die früher bestehenden staatlichen Sonderbehörden durch das erwähnte Gesetz vom 30. April 1948 eingegliedert worden sind. Auch in Schleswig-Holstein sind die Gesundheits- und die Veterinärämter in die Kreisverwaltung eingegliedert. In den Ländern Baden-Württemberg, Bayern und Hessen gehören das Gesundheits- und das Veterinärwesen zur Zuständigkeit der allgemeinen unteren staatlichen Verwaltungsbehörde, während in Rheinland-Pfalz und im Saarland für diese Bereiche noch staatliche Sonderbehörden bestehen. In Niedersachsen wird das Veterinärwesen von staatlichen Sonderbehörden verwaltet, die Gesundheitsämter sind in einigen Kreisen kommunalisiert, in den übrigen jedoch staatliche Sonderbehörden.

In den Ländern Baden-Württemberg, Bayern, Hessen, Rheinland-Pfalz und im Saarland sind die allgemeinen unteren staatlichen Verwaltungsbehörden auch für das Ordnungswesen (Polizei) zuständig. Dabei werden in Rheinland-Pfalz und im Saarland sämtliche Aufgaben der Gefahrenabwehr von den Polizeibehörden (im Sinne eines einheitlichen Polizeibegriffes) wahrgenommen. Polizeibehörden sind in diesen Ländern die Landratsämter. In Bayern, wo die Polizei nur als Vollzugspolizei aufgefaßt wird[299], sind die Landratsämter für die Wahrnehmung der Ordnungsaufgaben der Kreisstufe zuständig. Baden-Württemberg hat zwar den einheitlichen Polizeibegriff beibehalten, doch sind Polizeiverwaltung und Polizeivollzugsdienst voneinander getrennt. Die Kreispolizeibehörden, denen die Ordnungsverwaltung obliegt, sind in den Kreisen die Landratsämter und die Großen Kreisstädte, soweit diese untere Verwaltungsbehörden sind[300]. In Hessen, wo der einheitliche Polizeibegriff ebenfalls erhalten ist, sind die Landräte als Behörden der Landesverwaltung allgemeine Polizeibehörden[301]. Polizei und Ordnungsverwaltung sind in Nordrhein-Westfalen getrennt. Die Aufgaben der Kreisordnungsbehörden nehmen die Landkreise und kreisfreien Städte als Pflichtaufgaben zur

---
[299] Art. 1, 2 PAG Bay.
[300] § 50 Abs. 3 PG BW, vgl. oben S. 35.
[301] § 58 Abs. 1 Ziff. 3 SOG Hes.

II. Staatliche und kommunale Verwaltungsorganisation im Landkreis 59

Erfüllung nach Weisung wahr[302]. Die Aufsicht über die örtlichen Ordnungsbehörden (Gemeinden, Ämter) in den Landkreisen führt jedoch der Oberkreisdirektor als untere staatliche Verwaltungsbehörde[303].

Staatsangehörigkeitsangelegenheiten sowie das Melde-, Paß- und Ausländerwesen werden in Baden-Württemberg, Bayern, Hessen, Rheinland-Pfalz und im Saarland von den allgemeinen unteren staatlichen Verwaltungsbehörden verwaltet, während in Nordrhein-Westfalen auf der Kreisstufe diese Materien in den Zuständigkeitsbereich der Kreise fallen, die sie als Pflichtaufgaben zur Erfüllung nach Weisung wahrnehmen. Die gleiche Lage findet sich auf dem Gebiet des Gewerbe- und Gaststättenrechts, im zivilen Bevölkerungsschutz und im Verteidigungswesen.

Der hier gegebene kursorische Überblick über die Zuständigkeiten der allgemeinen unteren staatlichen Verwaltungsbehörden konnte nur die wichtigeren Hauptgruppen erfassen. Eine Betrachtung der einzelnen Zuständigkeiten ist auch entbehrlich, da die im Anhang wiedergegebenen Pläne und Kataloge einen umfassenderen Überblick geben, als die vergleichende Darlegung es vermag. Zusammenfassend läßt sich sagen, daß den allgemeinen unteren staatlichen Verwaltungsbehörden in Baden-Württemberg, Bayern, Hessen, Rheinland-Pfalz und im Saarland umfassende Zuständigkeiten übertragen sind, während der Oberkreisdirektor als untere staatliche Verwaltungsbehörde in Nordrhein-Westfalen neben seinen Aufsichtsfunktionen nur wenige Zuständigkeiten hat.

### 8. Die Finanzierung der allgemeinen unteren staatlichen Verwaltungsbehörde

Die allgemeine untere staatliche Verwaltungsbehörde verursacht — wie jede Behörde — personelle und sachliche Kosten. Das Personal der Behörde, das in den meisten Ländern aus staatlichen und kommunalen Dienstkräften besteht[304], wird von der jeweiligen Anstellungskörperschaft besoldet. Im übrigen sind die Regelungen der einzelnen Länder unterschiedlich.

In *Baden-Württemberg* hat der Landkreis neben der Bereitstellung der für die untere staatliche Verwaltungsbehörde erforderlichen Angestellten und Arbeiter für die sächlichen Bedürfnisse des Landratsamtes als unterer Verwaltungsbehörde aufzukommen[305]. Dazu gehört zum Beispiel die Bereitstellung der erforderlichen Räume, der Einrichtung, des Schreibmaterials, des Portos, der Bücher und Zeitschriften und der Kraftfahrzeuge, außerdem Beleuchtung, Heizung und Reinigung. Für die Ge-

---
[302] § 3 Abs. 1 OBG NW.
[303] § 7 Abs. 1 OBG NW.
[304] Vgl. oben S. 42 f.
[305] § 45 Abs. 2 LKO BW.

stellung der Angestellten und Arbeiter und die Aufwendungen für die sächlichen Bedürfnisse der unteren staatlichen Verwaltungsbehörde erhalten die Landkreise jährlich DM 5,— je Einwohner[306]. Außerdem werden die von den Landratsämtern als unteren staatlichen Verwaltungsbehörden festgesetzten Gebühren, Geldbußen, Geldstrafen und Zwangsgelder grundsätzlich den Landkreisen als eigene Einnahmen überlassen und von ihnen eingezogen[307].

Die *bayerischen* Landkreise haben ebenfalls die zur Erledigung der dem Landratsamt als Staatsbehörde obliegenden Aufgaben erforderlichen Einrichtungen zur Verfügung zu stellen[308]. Für den von ihnen getragenen Verwaltungsaufwand erhalten die Landkreise Ersatz nach dem Finanzausgleichsgesetz, und zwar einmal das volle Aufkommen der vom Landratsamt als Staatsbehörde festgesetzten Kosten (Gebühren und Auslagen); außerdem Zuschüsse in Höhe von DM 4,80 je Einwohner und Rechnungsjahr, von denen allerdings die kreisangehörigen Gemeinden gewisse Anteilbeträge erhalten[309].

Die *hessische* Landkreisordnung bestimmt ausdrücklich, daß den Kreisen für die Tätigkeit des Landrates als Behörde der Landesverwaltung keine Entschädigung gewährt wird. Entsprechendes gilt für die Amtstätigkeit von Staatsbediensteten innerhalb der Verwaltung des Kreises[310]. Der Landkreis hat neben der Bereitstellung der vom Landrat angeforderten Kreisbediensteten[311] die für die Erfüllung der Aufgaben des Landrats als Behörde der Landesverwaltung notwendigen Einrichtungen zur Verfügung zu stellen. Besondere Zuweisungen neben den Schlüsselzuweisungen nach dem Finanzausgleichsgesetz[312] erhalten die Kreise nicht.

In *Nordrhein-Westfalen* haben die Landkreise ebenfalls die für die Tätigkeit der unteren staatlichen Verwaltungsbehörde erforderlichen Dienstkräfte und Einrichtungen zur Verfügung zu stellen. Ein besonderer Zuschuß für diesen Verwaltungsaufwand wird nicht gewährt.

In *Rheinland-Pfalz* sind die von der unteren staatlichen Verwaltungsbehörde benötigten nichtbeamteten Dienstkräfte, die erforderlichen Einrichtungen und der Sachaufwand von den Landkreisen zur Verfügung zu

---

[306] § 11 Abs. 1 des Gesetzes über den kommunalen Finanzausgleich (FAG) i. d. F. der Bekanntmachung vom 8. 3. 1965 (GBl. S. 49).
[307] § 11 Abs. 3 FAG BW.
[308] Art. 53 Abs. 2 LKO Bay i. V. m. § 1 der Verordnung zur Ausführung des Art. 53 Abs. 2 LKO Bay vom 17. 12. 1956 (BayBS I S. 527).
[309] Art. 7 des Gesetzes über den Finanzausgleich zwischen Staat, Gemeinden und Gemeindeverbänden (FAG) i. d. F. der Bekanntmachung vom 29. 8. 1960 (GVBl. S. 213), zuletzt geändert durch Gesetz vom 22. 4. 1965 (GVBl. S. 68).
[310] § 57 Satz 1, 2 LKO Hes.
[311] Siehe oben S. 42 f.
[312] Gesetz zur Regelung des Finanzausgleichs (FAG) vom 17. 1. 1966 (GVBl. 1966 S. 1).

III. Die Bedeutung für die Erfüllung staatlicher Aufgaben 61

stellen[313]. Die insoweit entstehenden Kosten werden den Kreisen nach Maßgabe des Finanzausgleichsgesetzes vom Land erstattet. Die Landkreise erhalten für ihre Aufwendungen eine pauschale Abgeltung, die jährlich im Haushaltsplan des Landes festgesetzt wird[314]. Nach dem Haushaltsplan des Landes Rheinland-Pfalz für das Rechnungsjahr 1966 sind je nach Größe der Landkreise 3,75 bis 4,05 DM je Einwohner veranschlagt[315].

Die persönlichen und sächlichen Kosten der Landratsämter als untere staatliche Verwaltungsbehörden im *Saarland* werden vom Land getragen[316]. Ein Ausgleich kommt daher insoweit nicht in Betracht.

### III. Die Bedeutung der allgemeinen unteren staatlichen Verwaltungsbehörde für die Erfüllung staatlicher Aufgaben

#### 1. Die Uneinheitlichkeit in der organisatorischen Gestaltung der unteren Verwaltungsebene

Die vergleichende Darstellung der organisatorischen Regelung der Erfüllung staatlicher Aufgaben in der unteren Verwaltungsinstanz hat gezeigt, daß in den Ländern der Bundesrepublik erhebliche Unterschiede schon der grundsätzlichen Frage der Errichtung einer allgemeinen unteren staatlichen Verwaltungsbehörde oder der „Vollkommunalisierung" der Landkreise bestehen. Aber auch die Länder mit allgemeiner unterer staatlicher Verwaltungsbehörde weisen keine einheitliche Organisation der Erfüllung staatlicher Aufgaben in der Kreisinstanz auf. Die Zuständigkeitsbereiche dieser Behörden sind von Land zu Land verschieden. Das gleiche gilt auch insbesondere hinsichtlich Auswahl und Stellung der Behördenleiter. Das Prinzip der Einheit der Verwaltung auf der Kreisstufe ist ebenfalls in sehr unterschiedlichem Umfang verwirklicht.

Neben diesen organisatorischen Divergenzen der einzelnen Länder hinsichtlich der Kreise besteht in den Ländern mit allgemeiner unterer staatlicher Verwaltungsbehörde eine Diskrepanz zwischen der organisatorischen Regelung der Erfüllung staatlicher Aufgaben in den Landkreisen einerseits und in den kreisfreien Städten andererseits. Ein staatlicher Aufgabenvollzug ist — außerhalb der staatlichen Sonderbehörden — in den kreisfreien Städten äußerst selten[317].

---

[313] § 2 Satz 2 LKO RP.
[314] Landesgesetz über den Finanzausgleich in Rheinland-Pfalz vom 9. 3. 1963 (GVBl. S. 95).
[315] Einzelplan 03 05 Titel 600.
[316] Vgl. z. B. den Haushaltsplan des Saarlandes für das Rechnungsjahr 1966, Einzelplan 04 00.
[317] Ein Beispiel bildet § 9 Abs. 3 OBG NW, wonach der Hauptverwaltungsbeamte Weisungen zur Abwehr einer bestimmten Gefahr im Einzelfalle als

## 62　B. Die allgemeine untere staatliche Verwaltungsbehörde im Landkreis

Die unterschiedliche Zuständigkeitsverteilung im Bereich der Landkreise ist nicht mit den Aufgabensystemen der Landkreisordnungen der Bundesländer zu erklären. Die Möglichkeit, staatliche Aufgaben durch die Landkreise erfüllen zu lassen, besteht nämlich in allen Ländern. *Baden-Württemberg* kennt die Pflichtaufgaben zur Erfüllung nach Weisung, bei denen der Umfang des Weisungsrechts gesetzlich bestimmt wird[318]. In *Bayern* können staatliche Aufgaben den Landkreisen durch Gesetz zur Besorgung im Auftrag des Staates zugewiesen werden, für die Erledigung der übertragenen Angelegenheiten können die zuständigen Staatsbehörden den Landkreisen Weisungen erteilen[319]. Artikel 37 Absatz 2 der bayerischen Landkreisordnung sieht sogar vor, daß „geeignete staatliche Aufgaben mit Ausnahme der Aufsicht durch Einzelgesetze auf die Kreisverwaltung zu übertragen sind". Den *hessischen* Kreisen können durch Gesetz ebenfalls Aufgaben zur Erfüllung nach Weisung übertragen werden, wobei das Gesetz die Voraussetzungen und den Umfang des Weisungsrechts bestimmt[320]. Die Regelung in *Nordrhein-Westfalen* stimmt mit der hessischen Regelung im wesentlichen überein[321]. In *Rheinland-Pfalz* können den Landkreisen durch Gesetz staatliche Aufgaben zur Erfüllung übertragen werden (Auftragsangelegenheiten), die die Kreise nach Weisung der zuständigen Behörden verwalten[322]. Eine entsprechende Regelung gilt im *Saarland*[323].

Die Länder *Niedersachsen* und *Schleswig-Holstein* sind wegen des Fehlens einer allgemeinen unteren staatlichen Verwaltungsbehörde darauf angewiesen, die Landkreise für die Erfüllung staatlicher Aufgaben heranzuziehen. Die Landkreise sind bei der Erfüllung der staatlichen Aufgaben an die Weisungen der zuständigen staatlichen Behörden gebunden[324].

Mit den angeführten Regelungen der Landkreisordnungen stimmen die entsprechenden Vorschriften der Gemeindeordnungen überein[325]. Von der insoweit gegebenen Möglichkeit der Übertragung staatlicher Aufgaben zur Erfüllung durch die Gemeinden, insbesondere durch die kreisfreien Städte, haben auch alle Länder umfassend Gebrauch gemacht. Da es in

---

staatliche Verwaltungsbehörde durchführt, sofern die Aufsichtsbehörde dies in der Weisung festlegt. Das gleiche gilt für die Durchführung von Weisungen, deren Geheimhaltung im Interesse der Staatssicherheit erforderlich ist.

[318] § 2 Abs. 4 LKO BW.
[319] Art. 6 Abs. 1, 2 LKO Bay.
[320] § 4 Satz 1 LKO Hes.
[321] § 2 Abs. 2 LKO NW.
[322] § 4 Abs. 1 Satz 1 LKO RP.
[323] § 5 Abs. 1, 4 LKO Saar.
[324] § 4 Abs. 1 LKO Nds, § 3 Abs. 2 LKO SH.
[325] § 2 Abs. 3 GO BW; Art. 8 Abs. 1, 2 GO Bay; § 4 GO Hes; § 5 Abs. 1 GO Nds; § 3 Abs. 2 GO NW; § 2 Abs. 2 GO RP; § 6 Abs. 1 GO Saar; § 3 Abs. 2 GO SH.

### III. Die Bedeutung für die Erfüllung staatlicher Aufgaben 63

den Gemeinden keine allgemeine untere staatliche Verwaltungsbehörde gibt, besteht im gemeindlichen Bereich im gesamten Bundesgebiet die gleiche Lage wie in Niedersachsen und Schleswig-Holstein im Bereich der Kreise. Die Gemeinden nehmen als kommunale Körperschaften die staatlichen Aufgaben wahr[326]. Da der Oberkreisdirektor als untere staatliche Verwaltungsbehörde in Nordrhein-Westfalen in seiner Zuständigkeit hauptsächlich auf Aufsichtsangelegenheiten beschränkt ist, stimmt auch in Nordrhein-Westfalen die Art der Erfüllung staatlicher Aufgaben in Kreis und Gemeinden weitgehend überein.

Zusammenfassend ist festzustellen, daß die staatlichen Aufgaben, deren Erfüllung in manchen Ländern in den Zuständigkeitsbereich der allgemeinen unteren staatlichen Verwaltungsbehörde fällt, grundsätzlich auch von den Landkreisen im übertragenen Wirkungskreis wahrgenommen werden könnten. Die Aufsichtsbefugnisse sollten dagegen von staatlichen Behörden wahrgenommen werden. Die von diesem Grundsatz abweichende Regelung in Niedersachsen[327] erscheint bedenklich, zumal nach Artikel 44 Absatz 5 der Vorläufigen Niedersächsischen Verfassung[328] die *Staats*aufsicht sicherstellt, daß die Gesetze beachtet und die Auftragsangelegenheiten weisungsgemäß ausgeführt werden. Bei der Beurteilung der niedersächsischen Regelung ist allerdings zu beachten, daß die Erfüllung der Aufgaben des Landkreises als Kommunal- und Fachaufsichtsbehörde dem Oberkreisdirektor obliegt, der nur bei der Versagung einer kommunalaufsichtlichen Genehmigung der Zustimmung des Kreisausschusses bedarf[329].

Die Regelung der Fachaufsicht in Schleswig Holstein ist wenig deutlich. Soweit „der Landrat" als zuständige Fachaufsichtsbehörde bezeichnet wird, dürfte eine Inanspruchnahme des Landrats als Staatsorgan im Wege der Organleihe vorliegen. Eine solche Auslegung würde dem Artikel 39 Absatz 3 der Landessatzung für Schleswig-Holstein[330] entsprechen, nach dem „*das Land* durch seine Aufsicht die Durchführung der Gesetze" durch die Gemeinden und Gemeindeverbände sichert[331]. Folgt man dieser Ansicht, so stimmt die schleswig-holsteinische Regelung im Ergebnis weitgehend mit der Zuordnung der Aufsichtszuständigkeiten in Nordrhein-Westfalen überein.

---

[326] Ausnahmsweise werden auch Gemeindeorgane im Wege der Organleihe als untere staatliche Verwaltungsbehörde in Anspruch genommen, vgl. oben Anm. 317.
[327] Der Landkreis ist Kommunal- und Fachaufsichtsbehörde, §§ 127, 135 GO Nds.
[328] vom 13. 4. 1951 (GVBl. S. 103).
[329] § 57 Abs. 1 Ziff. 6 LKO Nds.
[330] vom 13. 12. 1949 (GVBl. 1950 S. 3).
[331] Zur Regelung der Fachaufsicht in Schleswig-Holstein vgl. auch Galette-Laux, a.a.O. § 130 GO Erl. 1.

## B. Die allgemeine untere staatliche Verwaltungsbehörde im Landkreis

Die Unterschiedlichkeit in den Regelungen der Erfüllung staatlicher Aufgaben in den Landkreisen läßt sich primär nicht mit der älteren historischen Entwicklung der Verwaltungsorganisation in den einzelnen Ländern des Deutschen Reiches erklären. Weit stärker hat sich die Einflußnahme der Besatzungsmächte ausgewirkt. Soweit diese Einflüsse auf eine Kommunalisierung der Verwaltung zielten, trafen sie allerdings auch auf eine weitgehende Bereitwilligkeit der deutschen Bevölkerung und ihrer Repräsentanten. Als Reaktion auf den zentralistischen nationalsozialistischen Staat hatten sich viele Sympathien der kleinräumigen Kommunalverwaltung zugewandt. Hinzu kam, daß die politischen Parteien nach Einwirkungsmöglichkeiten auf die Verwaltung in der Kreisebene trachteten. Diese Umstände bewirkten, daß die im Bereich der britischen und amerikanischen Besatzungszone unmittelbar nach 1945 getroffenen Regelungen auch später im wesentlichen erhalten blieben.

Die Uneinheitlichkeit des Organisationsgefüges auf der unteren Verwaltungsebene bringt in mehrfacher Hinsicht Schwierigkeiten mit sich. Der Staatsbürger ist heute mehr denn je auf die öffentliche Verwaltung angewiesen, er muß daher über die für seine Anliegen zuständigen Verwaltungsbehörden und ihre Gliederung wenigstens in den Grundzügen unterrichtet sein. Das ist nur möglich bei einer einfachen Organisation mit einer geringen Zahl von Organisationseinheiten. Die Grundsätze der Organisationsklarheit und der Einheit der Verwaltung bedürfen aber besonders im Hinblick auf die Mobilität des heutigen Bürgers der Ergänzung durch eine Vereinheitlichung der Verwaltungsorganisation in den Ländern der Bundesrepublik. Diese Vereinheitlichung sollte sich sowohl auf die Verwaltungsstrukturen der einzelnen Bundesländer als auch auf die Verwaltung in Landkreisen und kreisfreien Städten erstrecken.

Eine einheitliche organisatorische Gestaltung der unteren Verwaltungsebene erscheint aber auch deshalb geboten, weil die Behörden dieser Ebene wesentlich an der Ausführung der Bundesgesetze beteiligt sind. Nach Artikel 83 des Grundgesetzes führen die Länder die Bundesgesetze als eigene Angelegenheiten aus, soweit das Grundgesetz nichts anderes bestimmt oder zuläßt. Sie führen außerdem gewisse Bundesgesetze im Auftrag des Bundes aus (Artikel 85 GG). Die Länder regeln in beiden Fällen grundsätzlich die Einrichtung der Behörden (Artikel 84 Absatz 1, Artikel 85 Absatz 1 GG). Dazu gehören neben den Behörden der unmittelbaren Staatsverwaltung auch die der Kommunalverwaltung. Es ist den Ländern überlassen, die Bundesgesetze durch staatliche oder andere Behörden auszuführen. Damit können auch die kommunalen Körperschaften in den landeseigenen Vollzug der Bundesgesetze einbezogen werden. Das ist, wie die obigen Untersuchungen gezeigt haben, in sehr unterschiedlichem Ausmaß geschehen. Die Uneinheitlichkeit in der Struktur der unteren Verwaltungsebene kann die Gefahr einer uneinheitlichen Ausfüh-

III. Die Bedeutung für die Erfüllung staatlicher Aufgaben 65

rung der Bundesgesetze mit sich bringen. Das Wesen dieser Gesetze als für das gesamte Bundesgebiet einheitlicher Normen wird damit in Frage gestellt[332].

Die Unterschiede in der organisatorischen Gestaltung der unteren Verwaltungsinstanz bereiten im übrigen auch dem Bundesgesetzgeber Schwierigkeiten. Der Gesetzgeber, der eine bestimmte Materie gesetzlich regelt, muß im Zusammenhang damit die notwendigen Bestimmungen über die Zuständigkeiten zur Durchführung des Gesetzes treffen. Das bietet keine Schwierigkeiten, wenn die Verwaltungsstruktur im Anwendungsbereich des Gesetzes einheitlich ist. Bei Divergenzen lassen sich Zuständigkeitsregelungen dagegen nur sehr schwer und allgemein formulieren, so daß nur der Kenner der Verwaltungsorganisation aller Bundesländer die Zuständigkeiten ohne weiteres feststellen kann. — Für die Verwaltung schließlich wirkt sich die Verschiedenheit der Verwaltungsorganisation besonders im Behördenverkehr von Land zu Land erschwerend aus.

**2. Wahrnehmung staatlicher Aufgaben durch untere staatliche Verwaltungsbehörden oder durch kommunale Körperschaften**

Die Diskussion um die Frage, wie die Erfüllung staatlicher Aufgaben in der unteren Verwaltungsinstanz am zweckmäßigsten zu gestalten sei, hat dadurch viel von ihrer ursprünglichen Schärfe verloren, daß die Vorstellungen über das Verhältnis zwischen Staatsverwaltung und kommunaler Selbstverwaltung heute nicht mehr als unüberbrückbar gegensätzlich angesehen werden. Die klassische Vorstellung von der kommunalen Selbstverwaltung ist im 19. Jahrhundert entstanden, als in den deutschen Staaten eine festgefügte von der absoluten Monarchie geprägte zentralistische staatliche Verwaltung bestand. In Konkurrenz zu dieser staatlichen Verwaltung entwickelte sich die zunächst nur vom Bürgertum der Städte, später auch — in bescheidenerem Umfang — von der Landbevölkerung getragene kommunale Selbstverwaltung zur selbständigen Erfüllung örtlicher Verwaltungsaufgaben[333]. Der Dualismus von Staats- und Selbstverwaltung ist jedoch durch die inzwischen vollzogene Einbeziehung der Kommunalverwaltung in die Gesamtverwaltung des Staates weitgehend überholt. Die kommunalen Gebietskörperschaften werden ebenso wie die Länder und der Bund als Teile eines nach den Grundsätzen der Dezentralisation gegliederten Staatswesens betrachtet, die gemein-

---

[332] Vgl. Göb, Bund und Gemeinden, in: Buch deutscher Gemeinden, 1965 S. 109 ff. (123).
[333] Zur Entwicklung vgl. Becker, Entwicklung der deutschen Gemeinden und Gemeindeverbände im Hinblick auf die Gegenwart, HdKwuPr I S. 62 ff.; ders., Die Selbstverwaltung als verfassungsrechtliche Grundlage der kommunalen Ordnung in Bund und Ländern, a.a.O. S. 113 ff.; Weber, Staats- und Selbstverwaltung, S. 61 ff.

sam den Staatszweck verwirklichen. Staats- und Selbstverwaltung erscheinen nicht mehr als voneinander isolierte und gegensätzliche Bereiche, die sich gegenseitig bekämpfen. Die Selbstverwaltung wird als eine generelle Technik angesehen, durch die öffentliche Aufgaben aus der unmittelbaren Staatsverwaltung herausverlagert werden[334].

Die Harmonisierung des Verhältnisses von Staats- und Selbstverwaltung ist eine Folge der Demokratisierung des gesamten öffentlichen Lebens. Der Bürger ist Träger von Gemeinde, Kreis, Land und Bund. Die Art und Weise der bürgerschaftlichen Mitwirkung ist allerdings im staatlichen und kommunalen Bereich unterschiedlich. Die Parlamente in Bund und Ländern haben ausschließlich legislative Befugnisse, in den Gemeinden und Gemeindeverbänden neben dem Satzungsrecht aber überwiegend echte Verwaltungsfunktionen.

Will man in der Frage, ob die Erfüllung staatlicher Aufgaben in der Kreisinstanz durch staatliche oder kommunale Behörden erfolgen soll, eine möglichst demokratische Lösung finden, so stößt man auf das Problem der Konkurrenz demokratischer Legitimationen. So hat Werner Weber seine Forderung nach stärkerer staatlicher Präsenz in der unteren Verwaltungsinstanz mit der nach seiner Ansicht höheren demokratischen Legitimation des Zentralparlaments, der von diesem gebildeten Regierung und des von beiden ausgehenden Verwaltungswillens begründet[335]. Demgegenüber hat Peters auf das Prinzip der Identität von Regierenden und Regierten hingewiesen und ausgeführt, der Grundsatz, daß diejenigen, für die Anordnungen getroffen würden, an dem Zustandekommen dieser Anordnungen selbst beteiligt sein müßten, sei einer zentralistischen Demokratie vorzuziehen[336].

Die Frage nach der richtigen Organisationsform der Erfüllung staatlicher Aufgaben in der Kreisinstanz läßt sich jedoch kaum mit der Aufstellung einer Rangfolge demokratischer Legitimationen lösen. Aus der verfassungsmäßigen Anerkennung der kommunalen Selbstverwaltung folgt, daß neben der Repräsentanz des Volkswillens im Zentralparlament die selbständige politische Willensbildung der Kommunen besteht. Dabei wollen die kommunalen Parlamente und Verwaltungsbehörden nicht in Konkurrenz zum Zentralparlament treten, ihr Anliegen ist vielmehr die Beteiligung am Zustandekommen der örtlich relevanten Verwaltungsentscheidungen.

---

[334] Vgl. Müller-Heidelberg, Zur Problematik der Verwaltungsreform in unserer Zeit, S. 23.
[335] Weber, Staats- und Selbstverwaltung, S. 78.
[336] Peters, die allgemeine Problematik der heutigen Kreisverfassung als Ergebnis geschichtlicher Entwicklung, in: Aktuelle Probleme des Verfassungsrechts im Landkreis, 1953 S. 3 ff., 20; Reschke, Aktuelle Einzelprobleme des Kreisverfassungsrechtes, a.a.O. S. 23 ff., 25.

### III. Die Bedeutung für die Erfüllung staatlicher Aufgaben

Aufschlußreicher für die Beantwortung nach der richtigen organisatorischen Gestaltung der unteren Verwaltungsebene könnte eine nähere Betrachtung der staatlichen Aufgaben sein, um deren Erfüllung in der unteren Verwaltungsinstanz es geht. Dabei sind auch die in Landkreis und kreisfreier Stadt zu erfüllenden staatlichen Aufgaben miteinander zu vergleichen, wobei sich die Frage stellt, ob die in den meisten Ländern zu findende unterschiedliche Verzahnung von staatlicher und kommunaler Verwaltung in Kreis und Stadt heute noch gerechtfertigt ist. Eine Angleichung wäre in zwei Richtungen denkbar: man könnte auch in diesen Ländern die „Vollkommunalisierung" der Landkreise erstreben oder aber auch in den kreisfreien Städten für die Erfüllung mancher staatlicher Aufgaben untere staatliche Verwaltungsbehörden in enger Verbindung mit den Kommunalverwaltungen einrichten[337].

Während in Nordrhein-Westfalen der Oberkreisdirektor als untere staatliche Verwaltungsbehörde überwiegend Aufsichtsbefugnisse wahrzunehmen hat, sind die Zuständigkeitsbereiche der allgemeinen unteren staatlichen Verwaltungsbehörden in den Ländern Baden-Württemberg, Bayern, Hessen, Rheinland-Pfalz und im Saarland weitaus umfangreicher[338]. Die staatlichen Aufgaben, die in diesen Ländern von der allgemeinen unteren staatlichen Verwaltungsbehörde wahrgenommen werden, finden sich aber auch in den anderen Ländern, wo sie nicht von einer staatlichen, sondern von der kreiskommunalen Behörde erfüllt werden. Das gleiche gilt hinsichtlich der kreisfreien Städte, die die staatlichen Aufgaben ebenfalls als Auftragsangelegenheiten oder Pflichtaufgaben zur Erfüllung nach Weisung wahrnehmen. Grundsätzliche Bedenken gegen diese Art der Erledigung staatlicher Aufgaben werden von keiner Seite erhoben, woraus zu schließen ist, daß sie sich im allgemeinen bewährt hat.

Geht man von der grundsätzlichen Zweckmäßigkeit der Erfüllung staatlicher Aufgaben durch kommunale Behörden aus, so stellt sich die Frage, ob die auf der Kreisebene im Vergleich zu den kreisfreien Städten zusätzlich wahrzunehmenden staatlichen Aufgaben die Einrichtung einer allgemeinen staatlichen Behörde im Landkreis erfordern. Der zusätzliche Bestand an Zuständigkeiten zur Erfüllung staatlicher Aufgaben beschränkt sich auf die Staatsaufsicht. Wenngleich dieser Bereich einen sehr begrenzten Teil des Zuständigkeitsbereichs eines Landratsamtes (einer Kreisverwaltung) ausmacht, so wird er doch überwiegend als bedeutsam genug angesehen, um die Existenz einer allgemeinen unteren staatlichen

---

[337] Die letzte Möglichkeit deutet auch Wagener, Verwaltung der Kreise in der Industriegesellschaft, Der Landkreis 1966 S. 103 ff., 111, an.

[338] Vgl. oben S. 54 ff. und die im Anhang wiedergegebenen Zuständigkeitskataloge.

Verwaltungsbehörde im Landkreis zu rechtfertigen[339]. Aus der Existenz der Behörde wird dann gefolgert, es sei unsystematisch und widerspreche der Einfachheit und Klarheit des Behördenaufbaues, staatliche Aufgaben dort auf den Landkreis zu übertragen, wo dem Staat eine staatliche untere Verwaltungsbehörde zur Verfügung stehe[340]. Diese letzte Folgerung vermag nicht zu überzeugen, denn gerade die unterschiedliche Art der Erfüllung staatlicher Aufgaben im Kreis und in der kreisfreien Stadt ist unsystematisch und widerspricht einer einfachen und klaren Behördenorganisation. Der These, die staatlichen Aufsichtsaufgaben rechtfertigten die Existenz der allgemeinen unteren staatlichen Verwaltungsbehörde im Landkreis, wird man dagegen eher zustimmen können. Allerdings ist auch diese These logisch nicht schlechthin zwingend, denn der Staat könnte die Aufsichtsangelegenheiten zu Weisungsaufgaben der Landkreise erklären und unter Ausschaltung des Kreistages den leitenden Verwaltungsbeamten mit der Wahrnehmung der Aufsicht beauftragen[341]. Gleichwohl erscheint zur Erreichung der nötigen Unabhängigkeit der Aufsicht von den ihr unterworfenen Körperschaften die Errichtung einer staatlichen Aufsichtsbehörde geboten. Die Durchsetzung des staatlichen Willens wird durch ein Organ, das seine Autorität allein aus dem Willen der Kreisbevölkerung schöpft, nur schwerlich in ausreichendem Maße gewährleistet[342].

Es fragt sich, ob neben der Staatsaufsicht weitere Aufgaben des Staates die Wahrnehmung durch eine untere staatliche Verwaltungsbehörde erfordern. Werner Weber hat auf die Notwendigkeit der Berücksichtigung von Ausnahmelagen hingewiesen und ausgeführt, daß nicht nur im Verteidigungsfall, sondern bei Notständen aller Art, zum Beispiel bei Naturkatastrophen, die volle Aktionsfähigkeit gerade der unteren Verwaltungsbehörde gesichert sein müsse. Nur dem in einen klaren Weisungszug eingegliederten Verwaltungsleiter der allgemeinen staatlichen Verwaltungsbehörde könne die volle Leitungs- und Befehlsgewalt gegenüber

---

[339] Vgl. z. B. Schmidt-Brücken, Landkreis und untere Verwaltungsbehörde, DVBl. 1951 S. 459 ff., 460; Scheele, Die untere staatliche Verwaltungsbehörde im Landkreis, in: Die Landkreise in der Bundesrepublik Deutschland, 1955 S. 181 ff., 182; Ernst, Selbstverwaltung und Verwaltungsreform, DÖV 1952 S. 353 ff., 354; Staatsvereinfachung in Bayern, Gutachten der Arbeitsgemeinschaft für Staatsvereinfachung in Bayern, 2. Teil, 1957 S. 11; a. A. offenbar Müller-Heidelberg, Der Strukturwandel in Funktion und Organisation der öffentlichen Verwaltung und seine Auswirkungen auf die kommunale Ebene, Kommunalwirtschaft 1959 S. 467 ff., 475.

[340] Staatsvereinfachung in Bayern, S. 11; Urbanus, Die Auftragsangelegenheiten der Landkreise, in: Die Landkreise in der Bundesrepublik Deutschland, 1955 S. 188 ff., 189.

[341] Eine solche Regelung, die der gegenwärtigen Rechtslage in Niedersachsen entspricht, hat schon von Koch, Die Demokratisierung der Verwaltung, in: Der bayerische Bürgermeister 1949 S. 49 ff. (51), vorgeschlagen.

[342] Ebenso Schmidt-Brücken, a.a.O. DVBl. 1951 S. 460.

### III. Die Bedeutung für die Erfüllung staatlicher Aufgaben

allen Behörden, Dienststellen und Organisationen übertragen werden[343]. — Es liegt auf der Hand, daß die hier angesprochenen zum sogenannten „harten Kern" der staatlichen Aufgaben gehörenden Angelegenheiten kaum der Beschlußfassung kommunaler Gremien überlassen werden können[344]. Das folgt schon aus der Notwendigkeit, diese Dinge nicht in aller Öffentlichkeit zu behandeln. Den Erfordernissen der schnellen Entscheidung und der Geheimhaltung kann allerdings auch in einer kommunalen Behörde dadurch Rechnung getragen werden, daß allein der leitende Verwaltungsbeamte für zuständig erklärt wird. Es ist jedoch nicht zu verkennen, daß der Leiter einer Kommunalverwaltungsbehörde, der gleichzeitig Chef der allgemeinen unteren staatlichen Behörde und als solcher entscheidungsbefugt ist, gegenüber den Beschlußorganen der kommunalen Körperschaft eine weitaus stärkere und eigenständigere Stellung hat. — Sofern man zur Wahrnehmung der zum „harten Kern" der staatlichen Aufgaben gehörenden Angelegenheiten eine untere staatliche Behörde für erforderlich hält, ergibt sich die Konsequenz, eine solche Behörde auch in den kreisfreien Städten einzurichten[345].

Ein weiterer Gesichtspunkt, der bei der Frage der Zweckmäßigkeit einer allgemeinen unteren staatlichen Verwaltungsbehörde eine Rolle spielt, ist das Prinzip der Einheit der Verwaltung. Die Forderung nach einer möglichst einheitlichen Verwaltung in der mittleren und unteren Verwaltungsebene ist eine Grundauffassung von Verwaltungspraxis und Verwaltungswissenschaft[346]. Unter Einheit der Verwaltung versteht man die Zusammenfassung möglichst aller in einem räumlichen Bezirk auf einer Verwaltungsstufe anfallenden Zuständigkeiten bei einer Behörde.

Maßgebend für die Forderung nach Einheit der Verwaltung ist die Möglichkeit der Koordinierung aller Verwaltungsaufgaben unter Zurückdrängung von Sonderinteressen einzelner, insbesondere technischer Verwaltungszweige auf das gebotene Maß. Dadurch, daß die in der Einheitsbehörde zusammengefaßten einzelnen Verwaltungszweige sich der gemeinschaftlichen Grundausstattung der Behörde bedienen, wird eine wesentliche Rationalisierung erzielt. Die einheitliche Verwaltung macht es

---

[343] Werner Weber, Der Staat in der unteren Verwaltungsinstanz, S. 28 f.; vgl. auch von der Groeben, Organisationsprobleme in Staat und kommunaler Selbstverwaltung, Informationsdienst 1963 S. 94 ff., 99 ff. (101).

[344] Eine Notlösung bringt z. B. das nordrhein-westfälische Gesetz über die Mitarbeit der Gemeinden und Gemeindeverbände auf dem Gebiet der zivilen Verteidigung vom 27. 3. 1962, in dem vorgesehen ist, daß die Vertretungen für Angelegenheiten der zivilen Verteidigung einen besonderen Ausschuß wählen, deren Mitglieder die Voraussetzungen für die Unterrichtung über geheimzuhaltende Angelegenheiten erfüllen (§ 2 Abs. 2).

[345] Hierauf weisen auch Scheele, a.a.O. S. 183, und Wagener, a.a.O. (Landkreis 1966) S. 111, hin.

[346] Kritisch allerdings Moser, Die Einheit der Verwaltung, BayVBl. 1960 S. 206 ff.

auch dem Bürger leichter, seine Anliegen an der richtigen Stelle anzubringen und zu erledigen.

Das Prinzip der Einheit der Verwaltung ist in den Ländern der Bundesrepublik auf der unteren Verwaltungsebene insoweit bereits verwirklicht, als die Gemeinden und Gemeindeverbände nach den kommunalverfassungsrechtlichen Bestimmungen in ihrem Gebiet die alleinigen Träger der öffentlichen Verwaltung sind, soweit nicht gesetzlich etwas anderes vorgeschrieben ist. Problematisch ist jedoch in den meisten Ländern noch die Eingliederung einer Reihe von unteren staatlichen Sonderbehörden, insbesondere der Gesundheits-, Veterinär- und Katasterämter[347] in die allgemeine Verwaltung.

Die Einbeziehung staatlicher Sonderbehörden in die allgemeine Verwaltung der unteren Verwaltungsebene ist in zweifacher Weise möglich, nämlich durch Kommunalisierung oder durch Eingliederung in die allgemeine untere staatliche Verwaltungsbehörde, soweit diese erhalten ist. Das Land Nordrhein-Westfalen hat durch das bereits erwähnte Gesetz vom 30. April 1948 die Katasterämter, Gesundheitsämter, Veterinärämter, Besatzungsämter, Regierungskassen, Ernährungsämter sowie die Straßenverkehrsämter den Verwaltungen der Kreise und der kreisfreien Städte eingegliedert und mit dieser Kommunalisierung gute Erfahrungen gemacht[348]. Gegen eine Vereinheitlichung der Verwaltung durch Kommunalisierung werden jedoch Bedenken erhoben[349]. So wird eingewendet, die Kommunalisierung habe eine zu starke Berücksichtigung örtlicher und u. U. unsachlicher Interessen zur Folge, auch der parteipolitische Einfluß könne sich auswirken. Darüber hinaus werden personalpolitische Bedenken vorgebracht, insbesondere wird auf die mangelnde Versetzbarkeit und die fehlende Austauschmöglichkeit zwischen unterer und höheren Verwaltungsebenen hingewiesen, auch wird das völlige Fehlen jedes staatlichen Einflusses auf die Besetzung der leitenden Fachbeamtenstellen bedauert[350]. — Es ist hier nicht der Ort, die Berechtigung dieser Bedenken zu untersuchen[351] und zu prüfen, ob die eventuell festzustellenden Nachteile nicht durch geeignete Maßnahmen gemildert oder durch manche Vorteile der Kommunalisierung ausgeglichen werden. Hier ist nur das Faktum festzustellen, daß die Kommunalisierung als Mittel zur Verein-

---

[347] Zum Umfang der Verwirklichung des Prinzips der Einheit der Verwaltung vgl. oben S. 47 ff. und Wagener, a.a.O. (Landkreis 1966) S. 103 ff., 111 f.

[348] Zu den Erfolgen der Reformmaßnahmen vgl. Rietdorf, Die Einheit der Verwaltung auf der Kreisebene, DÖV 1955 S. 230 ff.; von Unruh, Der Kreis, S. 291 ff.

[349] Vgl. insbesondere Schmid, Einheit der Verwaltung auf der Kreisebene, DÖV 1954 S. 719 ff.

[350] 2. Landtag von Baden-Württemberg, Beilage 1450, ausgegeben am 22. 1. 1958, S. 2098 f.; von der Groeben, a.a.O. S. 102.

[351] Vgl. dazu Rietdorf, a.a.O.

### III. Die Bedeutung für die Erfüllung staatlicher Aufgaben 71

heitlichung der Verwaltung auf der Kreisebene teilweise abgelehnt wird[352]. Da die gegen eine Kommunalisierung angeführten Argumente aber nicht gegen eine Eingliederung staatlicher Sonderbehörden in die allgemeine untere staatliche Verwaltungsbehörde sprechen, kann die Existenz einer solchen Behörde die Durchsetzung des Prinzips der Einheit der Verwaltung erleichtern. In manchen Ländern wird auch bereits eine Vereinheitlichung der Verwaltung durch Eingliederung von Sonderbehörden in die allgemeine staatliche Verwaltung vorgeschlagen[353].

Der Existenz einer allgemeinen unteren staatlichen Verwaltungsbehörde ist auch Bedeutung beizumessen im Hinblick auf die Koordinierung der Verwaltungstätigkeit in der unteren Verwaltungsebene. Das Prinzip der Einheit der Verwaltung wird sich in absehbarer Zeit nicht soweit durchsetzen, daß alle Verwaltungszuständigkeiten einer Stufe in einer Behörde gebündelt sind, die dann auch intern die Koordinierung besorgen könnte. Vorerst muß mit dem Fortbestehen staatlicher Sonderbehörden und sonstiger Behörden gerechnet werden, deren Maßnahmen aufeinander abgestimmt werden müssen. Der geeignete Koordinator zur Wahrnehmung dieser Aufgabe ist der Leiter der allgemeinen Verwaltungsbehörde, der in seiner Behörde bereits ein Bündel von Zuständigkeiten vereinigt. Der Leiter einer allgemeinen staatlichen Behörde wird dabei in der Regel auf eine größere Kommunikationsbereitschaft der übrigen Behörden treffen als der Hauptverwaltungsbeamte, der ausschließlich an der Spitze einer Kommunalverwaltung steht und als Vertreter lediglich lokaler Interessen angesehen wird.

Eine weitere besondere Funktion des Leiters der allgemeinen Verwaltungsbehörde ist die Berichterstattung über die Vorgänge im Bezirk seiner Behörde, die für die Landesregierung von Interesse sind. Er muß sich zu diesem Zweck auch über die Tätigkeiten der beaufsichtigten Verwaltungseinheiten und der staatlichen Sonderbehörden informieren. Es liegt auf der Hand, daß die Informationsbereitschaft dieser Behörden gegenüber dem Leiter einer allgemeinen staatlichen Behörde größer ist als gegenüber einem Kommunalverwaltungschef. Die Berichte an die Landesregierung sollen die Grundlage für die Bestimmung der staatspolitischen Ziele (Richtlinien der Politik) und die Tätigkeit der gesamten Landesverwaltung liefern. Der Leiter der allgemeinen unteren Verwaltungsbehörde hat damit einen staatspolitischen Auftrag, der ihn — ebenso wie der Koordinierungsauftrag — von den übrigen Behördenleitern abhebt.

---
[352] Vgl. z. B. Staatsvereinfachung in Bayern, a.a.O. S. 11.
[353] Vgl. z. B. Ebner, Die Landkreise und das Sachverständigengutachten zur Vereinfachung, Verbesserung und Verbilligung der Verwaltung, Vortrag auf der Landrätekonferenz Baden-Württemberg, 1958, S. 7; Geschäftsbericht des Landkreistages Rheinland-Pfalz für die 20. Hauptversammlung am 5. 5. 1966, S. 12.

## 72  B. Die allgemeine untere staatliche Verwaltungsbehörde im Landkreis

Die besonderen Funktionen der allgemeinen unteren Verwaltungsbehörde und ihres Leiters lassen ihre Bedeutung für eine wirksame Landespolitik erkennen. Unter diesen Umständen erscheint die staatspolitische Vertretbarkeit einer Vollkommunalisierung der unteren Verwaltungsebene fragwürdig. Die Existenz einer allgemeinen unteren staatlichen Verwaltungsbehörde ist im übrigen keineswegs gegen die Kommunalverwaltung gerichtet. Eine Überhäufung der Kommunen mit Weisungsaufgaben könnte im Gegenteil eine Überfremdung der kommunalen Verwaltungstätigkeit zur Folge haben.

### 3. Die Ausgestaltung der allgemeinen unteren staatlichen Verwaltungsbehörde

In der Diskussion um die Frage der Ausgestaltung der allgemeinen unteren staatlichen Verwaltungsbehörde wird die Zweckmäßigkeit der Verknüpfung von staatlicher Behörde und Kommunalverwaltungsbehörde nicht bezweifelt. Gegenstand von Meinungsverschiedenheiten ist in erster Linie die beamtenrechtliche Stellung des gemeinsamen Behördenleiters. Zugunsten des kommunalen Landrats (Oberkreisdirektors) wird geltend gemacht, dieser fasse sein Amt im Gegensatz zum staatlichen Beamten nicht lediglich als Durchgangsstation zu höheren staatlichen Positionen auf[354], er müsse sich vielmehr wegen der erforderlichen Wiederwahl ständig bewähren[355], auch sei er gegenüber der staatlichen Aufsichtsbehörde unabhängiger[356]. Als nachteilig werden insbesondere die größere Abhängigkeit von der Vertretungskörperschaft und den dort vertretenen Parteien[357] und die mangelnde Versetzbarkeit[358] angesehen. — Als Vorteil des staatlichen Landrats wird im Schrifttum seine Auswechselbarkeit angeführt, die zu einer Befruchtung der Beziehungen zwischen Staat und Kreis führen soll[359]. Dem staatlichen Landrat wird auch hinsichtlich des Widerstreites kreiskommunaler und ortskommunaler Interessen mehr Objektivität zugebilligt als dem kommunalen Behördenleiter[360].

Der Umstand, daß sich gewichtige Gründe für beide Möglichkeiten vorbringen lassen, zeigt schon, daß es eine zwingend gebotene Lösung der Frage nicht gibt. In der Stellung des Landrats (Oberkreisdirektors), der

---

[354] Wagener, Die Städte im Landkreis, S. 265.
[355] ders., a.a.O. S. 267.
[356] Stein, Die Stellung der Landkreise, ihre Aufgaben und deren Finanzierung, Dissertation (Marburg) 1960, S. 98.
[357] Stein, a.a.O. S. 119; Geissler, Ernannter oder gewählter Landrat?, DÖV 1952 S. 356 ff. (357); Fricke, a.a.O. S. 88.
[358] Geissler, a.a.O. S. 358.
[359] von Unruh, a.a.O. (Landrat) S. 97.
[360] Wagener, a.a.O. (Städte im Landkreis) S. 267.

## III. Die Bedeutung für die Erfüllung staatlicher Aufgaben

gleichzeitig Leiter der kommunalen Kreisverwaltung und der unteren staatlichen Verwaltungsbehörde ist[361], finden sich Elemente beider Bereiche. Das Schwergewicht der Zuständigkeiten hat sich gegenüber der Vorkriegszeit allerdings immer mehr auf den kommunalen Bereich verlagert. Dieser Entwicklung entsprechend sind in den meisten Bundesländern die Hauptverwaltungsbeamten in der Kreisebene Kommunalbeamte. Eine Rückkehr zum staatlichen Landrat ist in diesen Ländern nicht zu erwarten. In Rheinland-Pfalz und im Saarland bestehen ebenfalls Bestrebungen zur „Kommunalisierung" der Landräte[362]. Damit würde die Personalhoheit auch der rheinland-pfälzischen und saarländischen Landkreise als eines ihrer wichtigsten Selbstverwaltungsrechte auch auf die Person des Hauptverwaltungsbeamten erstreckt.

Die Doppelstellung des Behördenleiters erfordert das Zusammenwirken von Land und Kreis bei seiner Bestellung. Das kann, wie die obigen Untersuchungen gezeigt haben, in unterschiedlicher Weise geschehen. — Die Bedeutung der Stelle des Landrats (Oberkreisdirektors) läßt die Befähigung zum höheren Verwaltungsdienst als notwendige Voraussetzung der Bestellung erscheinen.

Im übrigen bietet die Ausgestaltung der allgemeinen unteren staatlichen Verwaltungsbehörde keine besonders schwerwiegenden Probleme. Neben der Vereinigung von Staatsverwaltung und kommunaler Kreisverwaltung in einer Einheitsbehörde mit Doppelcharakter besteht die Möglichkeit der Errichtung zweier organisationsrechtlich selbständiger Behörden, die eng miteinander verbunden sind. Hinsichtlich der inneren Gestaltung bietet sich einmal eine Aufteilung nach staatlichen und kommunalen Funktionsbereichen an, doch ist auch eine Aufteilung der Zuständigkeiten nach Sachzusammenhang und Zweckmäßigkeitsgesichtspunkten ohne Rücksicht auf den staatlichen oder kommunalen Charakter der wahrzunehmenden Aufgaben möglich.

---

[361] Wobei es in diesem Zusammenhang nicht entscheidend ist, ob beide Bereiche eine Einheitsbehörde mit Doppelcharakter oder zwei organisatorisch selbständige Behörden bilden.
[362] Vgl. z. B. die Denkschrift des Landkreistages Rheinland-Pfalz vom 10. 1. 1964 an die Mitglieder des Landtages.

## C. Ergebnis

Die vorliegende Untersuchung hat zunächst die Entwicklung der allgemeinen unteren staatlichen Verwaltungsbehörde im Landkreis anhand der Darstellung einiger historischer Erscheinungsformen aufgezeigt. Als besonders bedeutsam für die gegenwärtige Situation haben sich die Einwirkungen der britischen und der amerikanischen Besatzungsmacht nach dem Zusammenbruch des nationalsozialistischen Regimes erwiesen. — Die organisationsvergleichende Übersicht über die gegenwärtige Situation der allgemeinen unteren staatlichen Verwaltungsbehörde in den einzelnen Ländern der Bundesrepublik hat die unterschiedliche Gestaltung der Behörde dargestellt und die Möglichkeiten der Erfüllung staatlicher Aufgaben in der unteren Verwaltungsebene aufgezeigt. Die Gegenüberstellung der einzelnen Regelungen läßt Schlüsse über deren Zweckmäßigkeit zu und bietet Anschauungsmaterial für eine mögliche Verwaltungsreform.

Die abschließende Erörterung der Bedeutung der allgemeinen unteren staatlichen Verwaltungsbehörde für die Erfüllung staatlicher Aufgaben hat gezeigt, daß zwar viele staatliche Aufgaben durch eine kommunale Behörde ebenso gut wie durch eine untere staatliche Behörde erfüllt werden können, daß aber aus verschiedenen Gründen gleichwohl die Präsenz des Staates auf der unteren Verwaltungsebene für wünschenswert gehalten wird.

Die Notwendigkeit der staatlichen Präsenz in den Kreisen und kreisfreien Städten wird bei Verwaltungsreformen immer wieder diskutiert werden. Dabei geht es in erster Linie nicht um Fragen der Verwaltungsrationalisierung, sondern um verfassungspolitische Grundsatzentscheidungen, die nicht zuletzt von unterschiedlichen Staatskonzeptionen beeinflußt werden. — Aufgabe dieser organisationsvergleichenden Untersuchung war es nicht, einen bestimmten Vorschlag für die organisatorische Gestaltung der Erfüllung staatlicher Aufgaben auf der unteren Verwaltungsebene zu unterbreiten. Es kam vielmehr darauf an, die Vielzahl der Gestaltungsmöglichkeiten zu erkennen und Klarheit über die grundsätzlichen Probleme zu gewinnen, um dadurch einige Voraussetzungen für Überlegungen bei einer Verwaltungsreform zu schaffen.

# Anhang

Der Anhang enthält Kataloge über die Zuständigkeiten der allgemeinen unteren staatlichen Verwaltungsbehörde sowie Muster-Organisations- und Geschäftsverteilungspläne dieser Behörde. Die Kataloge und Pläne sind dem Verfasser in dankenswerter Weise von den Innenministerien und Landkreistagen der Länder zur Verfügung gestellt worden. Zweck der Zusammenstellung dieser Materialien ist es, die Möglichkeiten der Betrauung einer allgemeinen unteren staatlichen Verwaltungsbehörde mit Zuständigkeiten darzulegen und Alternativen für die innere Organisation dieser Behörde aufzuzeigen.

## Zuständigkeiten der Landratsämter als untere staatliche Verwaltungsbehörden in Baden-Württemberg

Staatsangehörigkeitswesen
  Durchführung der Verfahren zur Einbürgerung, Entlassung und zur Feststellung der Staatsangehörigkeit, Ausfertigung von Staatsangehörigkeitsurkunden;

Personenstandswesen, Namensrecht
  Aufsicht über die Standesämter, Entscheidung über Anträge auf Änderung von Vornamen;

Kriegsgräberfürsorge
  Prüfung der Gräberlisten und der Kostenanforderungen, Genehmigung zur Verlegung von Kriegsgräbern;

Zwangsenteignung
  Mitwirkung bei der Durchführung des Enteignungsverfahrens;

Polizeiwesen
  als Kreispolizeibehörde, Dienst- und Fachaufsicht über die Ortspolizeibehörden (kreisangehörige Gemeinden ohne die Großen Kreisstädte);
  Fachaufsicht über den staatlichen Polizeivollzugsdienst, soweit nicht die Großen Kreisstädte zuständig sind;
  Erlassung von Polizeiverordnungen für den Landkreis, Prüfung örtlicher Polizeiverordnungen;
  Verhängung von Ungebührstrafen und Ungehorsamstrafen, Anwendung anderer gesetzlicher Zwangsmittel, Bußgeldbescheide;
  Ausstellung von Personalausweisen, Reisepässen und anderen Reiseausweisen;
  Aufenthaltserlaubnis für Ausländer, Aufenthaltsverbote, Abschiebung von Ausländern;

Durchführung des Versammlungsgesetzes;

Mitwirkung beim Jugendschutz;

Genehmigung von Ausspielungen;

Überwachung des Verkehrs mit Waffen, Munition und Sprengstoffen, Ausstellung von Waffen- und Waffenerwerbsscheinen, Handelserlaubnis für Waffen;

Vorschläge an die Amtsgerichte zur gerichtlichen Abrügung von Übertretungen

Wahlen

Mitwirkung bei den Bundestags- und Landtagswahlen, Überwachung der Gemeindewahlen, Wahlprüfung und Entscheidung über Beschwerden im Wahlanfechtungsverfahren bei Gemeindewahlen;

Kommunalwesen

Die Zuständigkeit als Rechtsaufsichtsbehörde über die kreisangehörigen Gemeinden ohne die Großen Kreisstädte umfaßt das Informations- und Beanstandungsrecht, das Anordnungsrecht und das Recht der Ersatzvornahme, die Genehmigung von Schuldaufnahmen, Gewährschaften und Veräußerung von Waldgrundstücken, die Prüfung der Kassen-, Haushalts- und Rechnungsführung sowie die Aufsicht über die Bewirtschaftung der Waldungen der Gemeinden und sonstigen Körperschaften, Anstalten und Stiftungen des öffentlichen Rechts;

Aufsicht über Zweckverbände und öffentliche örtliche Stiftungen;

Mitwirkung auf dem Gebiet des kommunalen Beamten-, Besoldungs- und Dienststrafrechts;

Entscheidungen über die Heranziehung von Steuerpflichtigen zu Steuern und Abgaben der Gemeinden;

Beamtenrecht

Mitwirkung bei der Zulassung, Ausbildung und Prüfung des Nachwuchses für den gehobenen und mittleren Verwaltungsdienst;

Entgegennahme und Prüfung der Meldungen nach dem Gesetz zur Regelung der Rechtsverhältnisse der unter Art. 131 GG fallenden Personen;

Bau- und Feuerpolizei

Verfügungen im baupolizeilichen Verfahren, insbesondere Baugenehmigungen, soweit nicht in größeren Gemeinden das Bürgermeisteramt an seine Stelle tritt;

Genehmigung von Bebauungsplänen;

Handhabung der Feuerpolizei (Feuerschau), Aufsicht über die Feuerwehren;

Aufsicht über die Bezirksschornsteinfegermeister;

Wohnungswesen

Aufsicht über die Wohnungsbehörden der kreisangehörigen Gemeinden und Großen Kreisstädte;

Wasserrecht

Aufsicht über die Benutzung der Gewässer, untere Aufsichtsbehörde für Wasser- und Bodenverbände;

in den Regierungsbezirken Nordwürttemberg und Südwürttemberg-Hohenzollern: Mitwirkung im wasserrechtlichen Verfahren;

in den Regierungsbezirken Nordbaden und Südbaden: Verleihung von Wasserbenutzungsrechten, Genehmigung sonstiger Wasserbenützung, Genehmigung von Bauten in und an Gewässern;

Gesundheitswesen

Anordnung von Schutzmaßnahmen zur Bekämpfung übertragbarer Krankheiten, Unterbringung von Geisteskranken in Anstalten, Hebammenwesen, Niederlassungserlaubnis für Hebammen, Überwachung des Verkehrs mit Lebensmitteln, Arzneimitteln und Giften, Bestattungswesen;

Konzessionserteilung für private Kranken- und Entbindungsanstalten;

Veterinärwesen

Bekämpfung von Viehseuchen, Aufsicht über die Fleischbeschauer, Tierkörperbeseitigung, Anerkennung von Hufbeschlagschmieden;

Straßenverkehr

Erteilung und Entziehung der Fahrerlaubnis, Zulassung von Fahrzeugen zum Straßenverkehr, Überwachung der Kraftfahrzeuge, Verkehrsbeschränkungen, Anbringung von Verkehrszeichen, Erlaubnis für die mehr als verkehrsübliche Inanspruchnahme von Straßen;

Erteilung und Entziehung der Fahrlehrererlaubnis;

Bestimmung der Nahzone und des Standorts im allgemeinen Güterkraftverkehr, Erlaubniserteilung und Aufsicht (einschl. Bußgeldverfahren) im Güternahverkehr;

gewerbliche Personenbeförderung mit Kraftdroschken und Mietwagen (Personenkraftwagen);

Wegeaufsicht;

Ehrungen

Mitwirkung bei der Verleihung des Verdienstordens der Bundesrepublik Deutschland, bei der Ehrung von Ehe- und Altersjubilaren sowie von Arbeitsjubilaren und bei Auszeichnungen für die Rettung von Menschen aus Lebensgefahr;

Vollziehbarkeitserklärung kirchlicher Steuerbeschlüsse;
Mitwirkung bei statistischen Erhebungen;
Erteilung von Konzessionen im Gaststättenwesen;

Gewerberecht

Genehmigung und Untersagung von Gewerbebetrieben in den gesetzlich bestimmten Fällen, Ausstellung von Legitimationskarten und Wandergewerbescheinen;

Preisrecht und Preisüberwachung

insbesondere bei Mieten und Pachten, Preisprüfung im Grundstücksverkehr;

Erteilung und Einziehung von Fischereischeinen;
Überwachung der Vatertierhaltung;
Mitwirkung bei Pflanzenschutz und Schädlingsbekämpfung;
Ausnahmebewilligungen von den Bestimmungen über den Arbeitszeitschutz;
Genehmigung und Untersagung des Betriebs lästiger Anlagen und der Lagerung brennbarer Flüssigkeiten;

Versicherungsamt

Das Landratsamt ist auch *untere Naturschutzbehörde*. Ihre Aufgabe ist der Schutz und die Pflege der heimatlichen Natur (Pflanzen und nichtjagdbare Tiere, Naturdenkmale und ihre Umgebung, Naturschutzgebiete und sonstige Landschaftsteile in der freien Natur). Die Naturschutzbehörden werden von den Naturschutzstellen beraten.

Beim Landratsamt ist das *Kreisjagdamt* errichtet, das die Aufgaben der unteren Jagdbehörde nach dem Landesjagdgesetz vom 15. März 1954 (Ges.Bl. S. 35) wahrnimmt. Es besteht aus dem Landrat als Vorsitzendem, einem staatlichen Forstbeamten und aus je einem Vertreter der Landwirtschaft, der Jagdgenossenschaften, der Gemeinden und der Jäger.

In den Regierungsbezirken Nordwürttemberg und Südwürttemberg-Hohenzollern bildet das Landratsamt zusammen mit dem Bezirksschulamt das *gemeinschaftliche Oberamt in Schulsachen*; in den Regierungsbezirken Nordbaden und Südbaden hat das Landratsamt die Aufsicht über die Schulpflegschaft und das örtliche Schulprüfungsvermögen.

Im Bereich des Regierungsbezirks Südwürttemberg-Hohenzollern übt das Landratsamt Tettnang als *Hafendirektion* die schiffahrtspolizeilichen Aufgaben der unteren Verwaltungsbehörde aus.

Den Landratsämtern stehen auf dem Gebiet des Gesundheitswesens die *staatlichen Gesundheitsämter*, auf dem Gebiet des Veterinärwesens die Regierungsveterinärräte zur Beratung und Unterstützung zur Verfügung.

Zur Beratung und Mitwirkung in bau- und feuerpolizeilichen Angelegenheiten sind vom Landkreis als technische Sachverständige *Kreisbaumeister* (Feuerschauer) bestellt; in den Regierungsbezirken Nordbaden und Südbaden werden die Aufgaben der Kreisbaumeister von staatlichen *Bezirksbaumeistern* wahrgenommen. Für die Aufsicht über das Feuerlöschwesen sind von den Landkreisen als feuerwehrtechnische Beamte der Landratsämter *Kreisbrandmeister* bestellt (§ 23 Abs. 1 des Feuerwehrgesetzes vom 6. Februar 1956, Ges.Bl. S. 19).

## Zuständigkeiten der Landratsämter als untere staatliche Verwaltungsbehörden in Bayern

I. *Allgemeine Verwaltungsangelegenheiten:*

a) *Staatsaufsicht:*

Wahrnehmung der staatlichen Aufsicht über die kreisangehörigen Gemeinden und über sonstige Körperschaften, Stiftungen und Anstalten des öffentlichen Rechts

b) *Enteignung:*

1. Durchführung von Zwangsenteignungen
2. Mitwirkung im Enteignungsverfahren
3. Durchführung des Bundesleistungsgesetzes

c) *Staatsangehörigkeit, Freizügigkeit, Personenstandswesen:*

1. Vorbehandlung von Anträgen auf Verleihung der Staatsangehörigkeit

2. Feststellung der deutschen Staatsangehörigkeit und Erteilung von Heimatscheinen, Staatsangehörigkeitsausweisen und Entlassungsurkunden
3. Vorbehandlung von Anträgen auf Namensänderung; Änderung von Vornamen
4. Vollzug des Personenstandsgesetzes
5. Aufbewahren und Fortführen der früheren Nebenregister
6. Aufgaben der Paßbehörde
7. Ausstellen und Einziehen des Bundespersonalausweises
8. Aufgaben der Ausländerbehörde
9. Hinterlegungsstelle für die Kaution von Auswanderungsunternehmern
10. Erteilen der Erlaubnis nach der Verordnung gegen Mißstände im Auswanderungswesen vom 4. 3. 1924
11. Vollzug des Gesetzes über Orden, Titel und Ehrenzeichen
12. Wahl der ehrenamtlichen Beisitzer für die Musterungsausschüsse und für die Prüfungsausschüsse für Kriegsdienstverweigerer

d) *Naturschutzrecht:*
1. Aufgaben der unteren Naturschutzbehörde
2. Aufgaben der Naturschutzstellen

e) *Verwaltungsvollstreckung:*
Durchführung des Verwaltungszwangs nach Art. 30 Abs. 1 Satz 2 und Abs. 2 Satz 2 VwZVG

f) *Sammlungs- und Lotteriewesen:*
1. Anordnung von Notstandssammlungen im Bereich der Kreisverwaltungsbehörde
2. Genehmigung für die Ausspielung geringwertiger Gegenstände bei Volksbelustigungen und für die Ausspielung bei Veranstaltungen in geschlossenen Räumen
3. Erteilung der Erlaubnis zum Betrieb des Buchmachergewerbes nach dem Rennwett- und Lotteriegesetz

II. *Wahlrecht und Statistik:*
1. Ernennung des Wahlvorstehers und seines Stellvertreters für den Briefwahlvorstand
2. Mitwirkung bei statistischen Erhebungen

III. *Öffentliche Sicherheit und Ordnung:*
Insbesondere:
1. Vollzug einzelner Aufgaben des LStVG
2. Vollzug des Gesetzes über Ordnungswidrigkeiten
3. Vollzug der Landesverordnung über die Verhütung von Bränden
4. Vollzug der Verordnung über den Feuerschutz bei theatralischen Vorführungen und bei Schaustellungen
5. Vollzug der Verordnung über Anlage und Einrichtung von Lichtspieltheatern und über Sicherheitsvorschriften bei Lichtspielvorführungen
6. Vollzug sprengstoffrechtlicher Vorschriften

IV. *Wohlfahrtswesen:*
1. Mitwirkung auf Anforderung der überörtlichen Träger bei der Feststellung und Prüfung der für die Gewährung von Sozialhilfe erforderlichen Voraussetzungen und Mitwirkung bei Auszahlung von Sozialhilfeleistungen
2. Heranziehung zur Durchführung von Aufgaben, die an sich den überörtlichen Trägern obliegen
3. Mitteilung bekannt gewordener Tatbestände, welche die Gewährung von Sozialhilfe begründen und Weiterleitung von Anträgen auf Sozialhilfe an den überörtlichen Träger
4. Gewährung von Krankenversorgung an Empfänger von Unterhaltshilfe (§ 276 LAG)
5. Vollzug des Unterhaltssicherungsgesetzes
6. Gewährung von Beihilfen zur Eingliederung jugendlicher Zuwanderer
7. Aufsicht über Kindergärten, Kinderhorte und ähnliche Einrichtungen

V. *Gesundheits- und Veterinärwesen:*
1. Vollzug des Bundes-Seuchen-Gesetzes
2. Vollzug des Gesetzes zur Bekämpfung der Papageienkrankheit
3. Mitwirkung beim Vollzug der Verordnung, die Verhältnisse der Bäder betreffend
4. Mitwirkung beim Vollzug der Verordnung über die Ausübung des Friseurhandwerks
5. Leichenschau
6. Mitwirkung bei der Bekämpfung der Rinderpest
7. Überwachung des Schafverkehrs
8. Bekämpfung der Enteritis
9. Bekämpfung von Deckinfektionen des Rindes
10. Bekämpfung der Maul- und Klauenseuche
11. Bekämpfung der ansteckenden Gehirnrückenmarksentzündung
12. Bekämpfung der bösartigen Faulbrut und Milbenseuche
13. Vollzug der Verordnung zum Schutz gegen die Einschleppung von Tierseuchen
14. Bekämpfung der Brucellose des Rindes
15. Mitwirkung bei der Überwachung der Einfuhr von Geflügel
16. Vollzug des Tierschutzgesetzes
17. Vollzug der Verordnung über den Verkehr mit Giften
18. Aufsicht über den Verkehr mit Arneimitteln außerhalb von Apotheken
19. Mitwirkung bei der Genehmigung von Milcherhitzungseinrichtungen
20. Mitwirkung beim Vollzug der Speiseeisverordnung
21. Genehmigung nach der Verordnung über Enteneier
22. Vollzug des Hebammengesetzes
23. Vollzug von Vorschriften über den Verkehr mit hochgiftigen Stoffen
24. Mitwirkung bei der Tierkörperbeseitigung

## Anhang

VI. *Bauwesen, Wohnungs- und Siedlungswesen, Straßen- und Wasserrecht:*

a) *Bauwesen:*
   1. Aufgaben der unteren Bauaufsichtsbehörde
   2. Genehmigungsbehörde für den Bodenverkehr nach § 19 Abs. 4 BBauG
   3. Geschäftsstelle des Gutachterausschusses für die Ermittlung von Grundstückswerten nach § 137 Abs. 2 BBauG

b) *Wohnungs- und Siedlungswesen:*
   1. Erteilen der Bescheinigung nach § 2 Wohnungs-BindungsG vom 23. 6. 1960 für öffentlich geförderte Wohnungen
   2. Mitwirken beim Vollzug des 2. WoBauG
      a) Vorprüfung beim Bewilligungsverfahren für öffentliche Mittel
      b) Erteilung von Bewilligungsbescheiden für öffentliche Mittel
      c) Erteilen der Bescheinigung über die Freistellung öffentlich geförderter Wohnungen bei vorzeitiger Rückzahlung öffentlicher Mittel
      d) Bewilligung von Miet- und Lastenbeihilfen
      e) Anerkennung als steuerbegünstigte Wohnungen oder Wohnheime
   3. Vollzug des Gesetzes über die Gewährung von Miet- und Lastenbeihilfen vom 23. 6. 1960
   4. Vorprüfung von Anträgen auf Gewährung von Staatsbürgschaften für den Wohnungsbau
   5. Erteilen der Bescheinigung nach § 7 Abs. 4 Nr. 2 und § 32 Abs. 2 Nr. 2 Wohnungseigentumsgesetz zur Vorlage bei den Grundbuchämtern
   6. Erteilen der Bescheinigung nach § 7 c EinkommensteuerG
   7. Vorprüfung von Anträgen auf Gewährung von Darlehen aus Bundesmitteln für die Instandsetzung von Wohngebäuden
   8. Vorprüfung von Anträgen auf Gewährung von Darlehen aus Landesmitteln für die Instandsetzung und Modernisierung von Wohngebäuden

c) *Straßenrecht:*
   1. Vollzug des § 9 Abs. 2, 5 und 8 FStrG für die Ortsdurchfahrten im Zuge von Bundesstraßen
   2. Vollzug der Art. 23 Abs. 2, 24 Abs. 1—3 und 25 BayStrWG für die Ortsdurchfahrten im Zuge von Staats- und Kreisstraßen
   3. Straßenaufsicht für die sonstigen öffentlichen Straßen

d) *Wasserrecht, Wasserverbandsrecht:*
   1. Vollzug des Wasserhaushaltsgesetzes
   2. Vollzug des Wassergesetzes
   3. Gründungs- und Aufsichtsbehörde für Wasser- und Bodenverbände

VII. *Schulwesen:*
1. Genehmigung und Beaufsichtigung bestimmter Unterrichts- und Erziehungsanstalten
2. Beteiligung an der Schulaufsicht

VIII. *Rechtspflege:*
1. Aufstellen der Vorschlagslisten für Jugendschöffen
2. Aufstellen der Vorschlagslisten für ehrenamtliche Verwaltungsrichter

IX. *Verkehrsrecht:*
   a) *Straßenverkehrsrecht:*
   1. Aufgaben der Straßenverkehrsbehörden
   2. Zulassung des Gelegenheitsverkehrs mit Personenkraftwagen
   3. Aufgaben der unteren Verkehrsbehörde nach dem Güterkraftverkehrsgesetz
   4. Genehmigung von Ausnahmen von Vorschriften der StVZO

   b) *Eisenbahnen und Bergbahnen:*
   1. Genehmigung, Mitwirkung bei der Genehmigung und Überwachung von Privateisenbahnen
   2. Vereidigung oder eidesstattliche Verpflichtung von Bahnpolizeibeamten der nichtbundeseigenen Eisenbahnen
   3. Zustimmung zur Aufnahme von Ausländern in den Betriebsdienst von nichtbundeseigenen Eisenbahnen des öffentlichen Verkehrs
   4. Entgegennahme der Anträge für die Planungs- und die Bau- und Betriebsgenehmigung von Seilbahnen und Mitwirkung bei ihrer Behandlung
   5. Genehmigung von Schleppaufzügen und Aufsicht über Schleppaufzüge

   c) *Sonstiges Verkehrsrecht:*
   Vollzug des Telegraphenwegegesetzes

X. *Wirtschafts- und Arbeitsschutzrecht:*
1. Vollzug der Gewerbeordnung
2. Vollzug des Gesetzes über den Verkehr mit unedlen Metallen
3. Vollzug des Gaststättengesetzes
4. Erteilung der Einzelhandelserlaubnis
5. Erteilung der Erlaubnis nach § 14 Abs. 1 des Gesetzes über Titel, Orden und Ehrenzeichen
6. Preisüberwachung
7. Mietpreisbildung
8. Maßnahmen beim Vollzug des Berggesetzes
9. Vollzug des Ladenschlußgesetzes
10. Registrierung der Schichtenbücher
11. Vollzug der oberpolizeilichen Vorschriften zum Schutze der bei Tiefbauten beschäftigten Personen
12. Vollzug der oberpolizeilichen Vorschriften zum Schutze der bei Bauten beschäftigten Personen
13. Vollzug der Azetylenverordnung

14. Vollzug der Aufzugsverordnung
15. Einrichtung von Mangelstuben
16. Überwachung der Reisebüros
17. Überwachung der Gebrauchtwarenhändler
18. Überwachung des Maklergewerbes
19. Vollzug der Getränkeschankanlagenverordnung

XI. *Landwirtschafts-, Forst-, Jagd- und Fischereirecht:*

1. Aufgaben der Genehmigungsbehörde nach dem Grundstücksverkehrsgesetz
2. Aufgaben der Landwirtschaftsbehörde nach dem Bundesgesetz über das landwirtschaftliche Pachtwesen
3. Mitwirkung bei der Enteignung nach dem Torfgesetz
4. Bekämpfung von Schädlingen und Krankheiten
5. Aufgaben nach dem Tierzuchtgesetz
6. Aufgaben der unteren Siedlungsbehörde
7. Vollzug des Milch- und Fettgesetzes
8. Vollzug des Fischereigesetzes
9. Vollzug der Landesfischereiordnung
10. Fischfang am Bodensee
11. Vollzug des Forstgesetzes
12. Vollzug des Gesetzes gegen Waldverwüstung
13. Aufforstung landwirtschaftlicher Grundstücke
14. Aufgaben der unteren Jagdbehörde
15. Bekämpfung der schädlichen Insekten in den Wäldern
16. Vollzug des Gesetzes über die Ausübung und Ablösung des Weiderechts auf fremdem Grund und Boden
17. Vollzug des Almgesetzes

XII. *Öffentliches Versicherungswesen:*

1. Errichtung von Versicherungsämtern
2. Mitwirkung beim Vollzug der RVO

XIII. *Flüchtlingswesen, Wohnraumbewirtschaftung, Lastenausgleich und andere Kriegsfolgen:*

1. Aufgaben der Flüchtlingsämter
2. Einrichtungshilfe
3. Rückführung der Evakuierten
4. Wohnraumbewirtschaftung
5. Vollzug des § 31 des 1. Bundesmietengesetzes
6. Vollzug des Lastenausgleichsgesetzes, des Feststellungsgesetzes, des Währungsausgleichsgesetzes und des Altsparergesetzes
7. Vollzug des Kriegsgefangenenentschädigungsgesetzes
8. Gewährung von Eingliederungshilfen nach dem Häftlingshilfegesetz
9. Vollzug des 4. Teils des Allg. Kriegsfolgengesetzes

## Muster eines Organisationsplanes (Verwaltungsgliederungsplan und Geschäftsverteilungsplan) für die bayerischen Landkreise

### Abteilung I

### Landrat

*Amtsleitung, Kreisfinanzverwaltung, Kreiskasse, Hauptverwaltung und Rechnungsprüfungsamt des Landkreises, Sozialhilfe und Jugendhilfe, Staatliches Ausgleichsamt*

| Aufteilung in Sachgebiete | Aufgaben |
|---|---|
| I/1 | |
| Geschäft des Amtsvorstands: | 1. Leitung des Landratsamtes als Staats- und Kreisbehörde |
| | 2. Vorsitz im Kreistag, Kreisausschuß und in den weiteren Ausschüssen, Vollzug ihrer Beschlüsse, Vertretung des Landkreises nach außen, Besorgung der einfachen Geschäfte der laufenden Kreisverwaltung und der geheimzuhaltenden Angelegenheiten, Besorgung unaufschiebbarer Geschäfte und Erlaß dringlicher Anordnungen sowie sonstiger sich aus der Organstellung des Landrats ergebender Aufgaben (z. B. Dienstvorgesetzter) |
| | 3. Vorsitz im Verwaltungsrat der Kreissparkasse (evtl. Zweckverbandssparkasse) |
| | 4. Mitwirkung bei der Schulaufsicht |
| | 5. Zusammenarbeit mit den politischen Parteien, dem Rundfunk, Fernsehen und der Presse |
| | 6. Notstands- und Hilfsaktionen, Grundsatzfragen des zivilen Bevölkerungsschutzes |
| | 7. Leitung der Gemeindebesichtigungen |
| | 8. Ehrungen durch den Landkreis |
| Übernommene Sachgebiete: | |
| I/2 | |
| Rechnungsprüfungsamt des Landkreises | Örtliche Prüfung der Rechnungen des Landkreises und seiner Einrichtungen, Mitwirkung bei der Kassenaufsicht (§ 8 Abs. 3 KuRVO) |
| I/3 | |
| Hauptverwaltung und Personalverwaltung | Organisationsfragen (z. B. Personaleinsatz, Einsatz der Büromaschinen, Rationalisie- |

## Anhang 85

rung, Fortentwicklung der Organisation des Amtes, Amtsblatt, Registratur, Einlauf, Auslauf, Telefonvermittlung, Bücherei), Raumverteilung, Personalwesen (z. B. Beamten- und Tarifrecht), Sachverwaltung, allgemeine statistische Fragen (Fachstatistik bei den einzelnen Sachgebieten)

Besoldungs-, Vergütungs- und Lohnabrechnungen für sämtliche Dienstkräfte, Berechnung der Ruhegehalts- und anderen Versorgungsbezüge, Beihilfen und Reisekosten

**I/4**
Kreisverwaltung und Kreiseinrichtungen einschl. Beschaffungsstelle (Kreiskämmerer)

a) Kreisfinanzverwaltung

Haushalts-, Kassen- und Rechnungswesen des Landratsamtes, Aufstellung des Haushaltsplanes, Vermögensverwaltung, Vollzug des Kostengesetzes, kreiseigene Steuern, Kreisumlagen, Bezirksumlagen, Finanzstatistik und Finanzberichte

b) Hauptverwaltung der Kreiskrankenhäuser, Altersheime, kreiseigenen Schulen sowie der Eigenbetriebe

Zentrale Bearbeitung aller wichtigen Fragen, die für den Landkreis als Träger dieser Einrichtungen entstehen

**I/5**
Kreiskasse

Kassen- und Buchführung, Beitreibungs- und Vollstreckungswesen, Aufstellung der Kassenrechnung

**I/6**
Sozialhilfeverwaltung

Vollzug des Bundessozialhilfegesetzes, Sozialhilfeeinrichtungen, Betreuung der Besucher aus der sowjetischen Besatzungszone, Krankenversorgung nach dem LAG, Geschlechtskrankenfürsorge, Sozialhilfestatistik

**I/7**
Fürsorgestelle für Kriegsbeschädigte und Kriegshinterbliebene

Kriegsopferfürsorge, Kriegsgefangenenentschädigung, Vollzug des Evakuiertengesetzes, Ausbildungsbeihilfen, Unterhaltssicherung, Häftlingshilfe

**I/8**
Kreisjugendamt

Vollzug des Gesetzes für Jugendwohlfahrt, Mitwirkung bei der Jugendgerichtshilfe, Einrichtungen der Jugendfürsorge und Jugendpflege, Beihilfen zur Begabtenförderung, Jugendschutz, Adoptionswesen, Sor-

**I/9**

Staatliches Ausgleichsamt — Vollzug des Lastenausgleichsgesetzes

**I/10**

Versicherungsamt — Wahrnehmung der Geschäfte nach § 37 RVO

gerechtssachen, Förderung der Erziehungsberatung, Jugenderholungsfürsorge, Jugendhilfestatistik

### Abteilung II

Leiter: juristischer Staatsbeamter bzw. juristischer Kreisbeamter

*Gemeindeaufsicht, öffentliche Sicherheit und Ordnung, Bau- und Wasserrecht*

| Aufteilung in Sachgebiete | Aufgaben |
|---|---|
| **II/1** Staats-, Kreis- und Gemeinderecht | Allgemeine Bundes- und Landesangelegenheiten, Gemeindeaufsicht, Wahlen, Stiftungswesen |
| **II/2** Personenstandswesen, Erziehungs- und Unterrichtswesen, Kulturangelegenheiten | Personenstandswesen, Standesamtswesen, Kirchenangelegenheiten, Erziehungs- und Unterrichtswesen, Schulen des Landkreises (z. B. Realschulen, Gymnasien, Berufs- und Berufsaufbauschulen, Landwirtschaftsschulen), soweit nicht I/3 zuständig ist |
| **II/3** Kreisfachberater für Obst- und Gartenbau | Zusammenarbeit mit den Landes-, Bezirks-, Kreis- und Ortsverbänden für Obst- und Gartenbau, Beratung in Fragen des Obst- und Gartenbaues, Schul-, Lehr- und Beispielsgärten, Friedhofsgestaltung |
| **II/4** Staatl. Rechnungsprüfungsstelle | Überörtliche Rechnungsprüfung |
| **II/5** Öffentliche Sicherheit | Öffentliche Sicherheit und Ordnung, Jagd- und Fischereirecht, Waffenwesen, Verkehr mit Sprengstoffen, Vollzug der Aufzugsverordnung und Lichtspielverordnung, Sammlungs- und Lotteriegesetz |
| **II/6** Ziviler Bevölkerungsschutz | Ziviler Bevölkerungsschutz, Katastrophenschutz, technisches Hilfswerk, Vollzug der Wehrgesetze |

II/7
Staatsangehörigkeitswesen  Staatsangehörigkeit, Paß-, Melde- und Ausländerwesen, Vereins- und Versammlungswesen, Vollzug der Wehrgesetze

II/8
Verkehrswesen  Vollzug des Bundesfernstraßengesetzes und des Bayer. Straßen- und Wegegesetzes, Straßenverkehrsrecht, Kraftfahrzeugzulassungsstelle

II/9
Gesundheitswesen und Wirtschaftsförderung  Gesundheits- und Veterinärwesen, Gewerbe, Wirtschaftsförderung und Förderung der Land- und Forstwirtschaft, Arbeitsschutz, Preisüberwachung und Lebensmittelüberwachung

II/10
Baurecht  Bauplanungs- und Bauaufsichtsrecht, Landes-, Regional- und Ortsplanung

II/11
Wasser- und Naturschutzrecht  Wasserrecht, Wasser- und Bodenverbände, Energiewesen, Naturschutzrecht

II/12
Bodenverkehr, Enteignung und sozialer Wohnungsbau  Boden- und Grundstücksverkehr, Enteignung und Umlegung, Vermessungswesen und Flurbereinigung, sozialer Wohnungsbau, Wohnungswesen (Wohngeld), Wohnraumbewirtschaftung (soweit noch nicht aufgehoben)

II/13
Technisches Sachgebiet
a) Kreisbaumeister
— Hochbau —  Technischer Sachverständiger der Baubehörde, technischer Sachverständiger in allen Hochbaufragen, Planung und Bauleitung kreiseigener Hochbauten

b) Kreisbaumeister
— Tiefbau —  Technischer Sachverständiger in allen Tiefbaufragen, Kreisstraßenverwaltung, Planung und Bauleitung aller Tiefbauten des Landkreises, Beratung der Gemeinden in Angelegenheiten des Tiefbaues

## Organisations- und Geschäftsverteilungsplan
des Landrats als Behörde der Landesverwaltung in Hessen

Der Landrat als Behörde der Landesverwaltung
Hauptabteilungsleiter

| *Abteilung I* | *Abteilung II* | *Abteilung III* |
|---|---|---|
| Abteilungsleiter | Abteilungsleiter | Abteilungsleiter |
| 1. Büroleitung<br>Allgemeine Verwaltungsangelegenheiten<br>Aufgaben nach dem Hess. Gesetz zur Ausführung der verwaltungsgerichtsordnung<br>2. Verkehrswesen | 1. Kommunal- und Finanzaufsicht<br>Wahlen<br>Schulangelegenheiten<br>Zweckverbandsrecht<br>2. Gesundheits- und Veterinärwesen<br>Vereinswesen<br>Haushaltsangelegenheiten<br>3. Zivil- u. Brandschutz Verteidigungswesen<br>Aufgaben nach dem HSOG | 1. Staatsangehörigkeits- und Personenstandswesen<br>Melde-, Paß- u. Ausländerwesen<br>2. Aufgaben der unteren Wasserbehörde<br>Sozialversicherungsangelegenheiten<br>3. Gewerbe- und Gaststättenrecht<br>Preisüberwachung<br>Jagd- und Fischereirecht |

## Abteilung I

*Sachgebiete:*

I/1 Büroleitung

Allgemeine Verwaltungsangelegenheiten

Aufgaben nach dem Hess. Gesetz zur Ausführung der Verwaltungsgerichtsordnung

I/2 Verkehrswesen

I/1 *Büroleitung*

Organisation, Aufsicht über den gesamten Dienstbetrieb

Geschäftsverteilung und Dienstanweisungen

Personal- und Disziplinar-Angelegenheiten der Beamten der Landesverwaltung

Personalbedarf und Personallenkung

Aus- und Fortbildung der Bediensteten sowie der Referendare, Beamtenanwärter und Lehrlinge

Unterschriftsbefugnis — Dienstsiegel

Genehmigung von Dienstreisen, Urlaub, Sonderurlaub und Dienstbefreiungen

Dienstausweise

Allgemeine Verwaltungsangelegenheiten

Grundsätzliche und wichtige Angelegenheiten aus allen Arbeitsgebieten der Behörde der Landesverwaltung

Presse- und Politische Angelegenheiten

Verschlußsachen

Verleihung von Bundesverdienstkreuzen
Aufgaben nach dem Hess. Gesetz zur Ausführung der Verwaltungsgerichtsordnung
Amtsbotendienst

I/2 *Verkehrswesen*
Generelle Angelegenheiten des Straßenverkehrsrechts
Wegerechtsangelegenheiten
Erteilung verkehrspolizeilicher Anordnungen zur Aufstellung bzw. Beseitigung von Verkehrszeichen und -einrichtungen
Maßnahmen nach § 3 Abs. 2 StVO
Stellungnahme zu allgemeinen verkehrspolizeilichen Angelegenheiten; z. B.: Winterwartung,
 Verkehrsschau auf Bundesstraßen, Landesstraßen, Kreisstraßen, Eisenbahnunter- und -überführungen, Gemeindestraßen und -wegen und Forstwegen
Offenlegungsverfahren bei der landespolizeilichen Genehmigung von Straßen- und Eisenbahnbauten
Genehmigung von Veranstaltungen auf öffentlichen Straßen und Plätzen
Erteilung von verkehrspolizeilichen Erlaubnissen bei motorsportlichen Veranstaltungen
Erteilung von Ausnahmegenehmigungen im Kraftfahrzeugverkehr, insbesondere für Schwer- und Langholztransporte, und vom Sonntagsfahrverbot
Aufgaben im Zusammenhang mit Verkehrsunfällen
Durchführung von Verkehrszählungen und -kontrollen
Verkehrserziehungsmaßnahmen, insbesondere Durchführung der Verkehrssicherheitswoche und Radfahrprüfungen in den Schulen
Seilbahnen (Beteiligung beim Genehmigungsverfahren und bei der Aufsicht)
Aufstellung von Baugerüsten
Aufgaben nach den Luftverkehrsgesetzen
Droschken-, Mietwagen- und Ausflugswagenverkehr (Anhörungs- und Genehmigungsverfahren) nach dem Personenbeförderungsgesetz
Angelegenheiten des Werkverkehrs, Werkfernverkehrs und Güterfernverkehrs
Güternahverkehr (Erlaubnisverfahren, Aufsicht, Standortverlegungen)
Personenbeförderung mit KOM (Anhörungsverfahren und Aufsicht)
Überwachung im gewerblichen Selbstfahrerverleih
Kranken- und Leichentransport
Sonderlinienverkehr
Verfolgung von Ordnungswidrigkeiten nach den einschlägigen gesetzlichen Vorschriften
Führung und Überwachung der Fahrzeug- und Namenskartei
Löschung von Fahrzeugen nach § 27 (5) StVZO
Kraftfahrzeugstatistik
Bearbeitung der Versicherungskarten nach § 29 b und c

Berichtigung der Kfz.-Briefe und der Fahrzeugkartei bei Umbau von Fahrzeugen
Abnahme von Fahrzeugen
Feststellung der Fahrzeughalter bei eingehenden Anzeigen
Bearbeitung der Stillegungs- und Abwanderungsmitteilungen

*Führerscheinstelle*

u. a.: Bearbeitung der Führerscheinanträge,
Durchführung von Ermittlungen über die Eignung des Antragstellers,
Erteilung der Fahrerlaubnisse (gemäß § 10 StVZO),
Erteilung der Fahrerlaubnisse nach § 15 StVZO (Ausländer),
Umschreibung der von der Bundeswehr und sonstigen öffentlichen Dienststellen ausgestellten Führerscheine gem. § 14 StVZO,
Ausnahmegenehmigung für Jugendliche (§ 7 StVZO)
Entziehung der Fahrerlaubnisse im Verwaltungswege,
Aufbietung in Verlust geratener Führerscheine

*Kraftfahrzeugzulassungsstelle*

Allgemeine Angelegenheiten aus allen Aufgabengebieten der Kfz.-Zulassungsstelle
Annahme, Überprüfung und Bearbeitung der Anträge auf Zulassung, Wiederzulassung oder Umschreibung von Kraftfahrzeugen und Anhängern
Zuteilung von Probefahrt-Kennzeichen, Ersatz-Kfz.- und Anhänger-Briefen
Einleitung der Aufbietungsverfahren in Verlust geratener Kfz.- und Anhänger-Scheine sowie in Verlust geratener Kfz.- und Anhänger-Briefe

## Abteilung II

*Sachgebiete:*

II/1   Kommunal- und Finanzaufsicht
       Wahlen
       Schulangelegenheiten
       Zweckverbandsrecht

II/2   Gesundheits- und Veterinärwesen
       Vereinswesen
       Haushaltsangelegenheiten

II/3   Zivil- und Brandschutz
       Verteidigungswesen
       Aufgaben nach dem HSOG

II/1   *Kommunalaufsicht*
       Verfassung und Verwaltung der Gemeinden, Gemeindeordnung
       Gemeindevertretung, Gemeindevorstand, Gemeindekommission, Gemeindeausschüsse

Namen, Grenzen, Ortsklassen, Jubiläen der Gemeinden, Tag der Deutschen Einheit, Führung von Wappen, Siegel, Flaggen, Grenzänderungen, Wohnplätze

Angelegenheiten der Bürgermeister, Wahl, Vereidigung, Besoldung, Aufwandsentschädigung, Dienstausweis, Urlaub, Vertretung

Bürgermeisterdienstversammlung

Gemeindesatzungen, Gebührenordnungen und Polizeiverordnungen

Sammlung des geltenden Ortsrechts

Stiftungsrecht

Öffentliche Einrichtungen und Wirtschaftsunternehmen

Angelegenheiten des Stabilisierungsfonds für Wein

Mitwirkung bei der Forstaufsicht über die Gemeinden und die Forstbetriebsverbände

Schadensversicherungen, Sachversicherungen, Haftpflichtversicherung, Versicherung der Gemeindekassenverwalter, Feuerwehrunfallversicherung

Hess. Gemeindeunfallversicherungsverband, Hess. Ausführungsbehörde für Unfallversicherung

*Finanzaufsicht*

Allgemeine Finanzverwaltung,
Kartei über kommunale Baumaßnahmen,
Haushaltswesen,
Gemeindehaushaltsverordnung,
Haushaltssatzungen mit Nachträgen,
Berichte über die Haushaltslage der Gemeinden,
Kassen-, Rechnungs- und Prüfungswesen,
Rechnungsabschlüsse,
Kassenprüfungen der Gemeinden,
Finanzstatistiken
Vermögens- und Schuldenverwaltung,
Vollstreckungswesen
Genehmigung zur Aufnahme von Darlehen,
Genehmigung zur Erteilung von Bürgschaften,
Genehmigung zum Abschluß von Gewährsverträgen,
Rücklagen
Beihilfen und Zuschüsse:
Finanzausgleich und Schlüsselzuweisungen an die Gemeinden,
Verwaltungskostenzuschüsse der Bundesbahn und Bundespost,
Zuschüsse zum Bau von Krankenhäusern,
Zuschüsse für die Anfertigung von Entwürfen und zum Bau von Trinkwasser- und Abwasseranlagen,
Schuldendiensthilfe für den Bau von Trinkwasser- und Abwasseranlagen,
Abgeltung des Gewerbesteuerausfalls,
Beihilfen zum Ausgleich von Rechnungsfehlbeträgen,

Beihilfen aus dem Landesausgleichsstock zum Ausgleich außergewöhnlicher Belastungen und zum Ausgleich von Härten,

Beihilfen zum Bau, zur Erweiterung, Unterhaltung und Einrichtung von Schulen, zum Bau von Turnhallen und Kleinsportanlagen,

Ländliche Wasserversorgung, Kanalisation, Abwasserbeseitigung und -verwertung (Landes- und Bundesbeihilfe),

Aufforstung von Ödland und Umwandlung ertragsarmer Niederwaldungen,

Um- und Ausbau von Ortsdurchfahrten von L. I. O. und L. II. O. und Beseitigung schienengleicher Bahnübergänge,

Zinsbeihilfen zur Finanzierung gemeindlicher Erschließungsmaßnahmen:

a) Bau von Trinkwasserversorgungs- und Abwasseranlagen,

b) Herstellung von Verkehrs- und Erholungsflächen,

c) Errichtung von Energieversorgungsanlagen

Erstellung von Dorfgemeinschaftshäusern und Mehrzweckhallen,

Beihilfen aus der Feuerschutzsteuer für die Beschaffung von Bekleidungs- und Ausrüstungsgegenständen der Feuerwehren,

ERP-Kredite zur Abwasserreinigung,

Zuschüsse aus Landeshaushaltmitteln zur Erschließung von Industriegelände,

Beihilfen zur Beseitigung von Elementarschäden an kommunalem Eigentum,

Beihilfen zur Beseitigung von Elementarschäden an privatem Eigentum,

Landesbeihilfen für den Wiederaufbau reblausverseuchter Weinberge

Allgemeine Personalverwaltung, Urlaub, Arbeitszeit, Vereidigung, Erstattungsgesetz, Nebentätigkeit, Stellenpläne der Gemeinden

Anrechnung von Dienstzeiten, Gratifikationen, Beihilfen, Ruhegehalts- und Hinterbliebenenversorgung, Aufwandsentschädigung für ehrenamtliche Gemeindebeamte, Sozialversicherung der ehrenamtlichen Gemeindebeamten

Bevorzugt unterzubringende Personen:

Schwerbeschädigte, 131-er

Personalvertretungsrecht

Bestellung der Schiedsmänner und ihrer Stellvertreter

Angelegenheiten der Ortsrechte

Bestellung der Vorsteher der Ortsgerichte

Patronatsverpflichtungen der Gemeinden

Besetzung von Pfarrstellen der evangelischen Kirchengemeinden

Bundesbaugesetz, Bauleitplanung,

Genehmigung von Satzungen nach dem Bundesbaugesetz

Erschließungsbeitragsrecht

*Wahlen*

Wahlen zum deutschen Bundestag

Wahlen zum Hess. Landtag

Kreistagswahlen
Gemeindewahlen
Wahl der Schöffen und Geschworenen
Wahlen für die Land- und Forstwirtschaftskammer Hessen-Nassau
Wahlen der Ortsstellen der Land- und Forstwirtschaftskammer
Wahl des Kreislandwirts

*Schulangelegenheiten*

Rechtsaufsicht und Personalsachen als Schulaufsichtsbehörde (äußere Schulaufsicht)
Neubau und Erhaltung der Schulgebäude, Lehrerdienstwohnungen und Schulturnhallen
Errichtung von Mittelpunktschulen
Gründung von Schulzweckverbänden
Abschluß von Schulzweckvereinbarungen

*Zweckverbandsrecht*

Wasser- und Bodenverbände
Zweckverbände

II/2 *Gesundheitswesen*

Allgemeine gesundheitspolizeiliche Maßnahmen
Aufgaben nach dem Bundesseuchengesetz, soweit nicht III/2 zuständig ist
Lärmbekämpfung
Unterbringung von geisteskranken und süchtigen Personen
Aufgaben nach den lebensmittelrechtlichen Bestimmungen
Überwachung der Lebensmittelgeschäfte, Metzgereien, Bäckereien und Friseurbetriebe sowie Eisherstellung auf Messen und Märkten
Aufgaben nach dem Weingesetz
Heilpraktikergesetz
Aufgaben nach dem Gesetz über den Handel mit Giften
Aufgaben nach der Verordnung zum Handel mit giftigen Pflanzenschutzmitteln
Bestattungswesen

*Veterinärwesen*

Aufgaben nach dem Viehseuchengesetz, nach dem Tierzuchtgesetz und dem Gesetz über den Hufbeschlag
Wildseuchen- und Tollwutbekämpfung
Aufgaben nach dem Tierkörperbeseitigungsgesetz (Konfiskatbeseitigung)
Angelegenheiten der Fleischbeschau
u. a.: Bestellung, Abberufung und Beaufsichtigung der Fleischbeschautierärzte und Fleischbeschauer,
    Erstellung der monatlichen Fleischbeschauabrechnungen und der Jahresstatistik
Angelegenheiten der Hess. Tierseuchenkasse
Tierschutzangelegenheiten und Körwesen

*Vereinswesen*

Mitwirkung bei der Eintragung von Vereinen ins Vereinsregister

Vereinsjubiläen

Sammlungsgesetz

*Haushaltsangelegenheiten*

Anforderung von Haushaltsmitteln

Bestellung von Möbeln, Literatur, Vordrucken und sonstigen Beschaffungen

Verwaltung der Vordrucke; insbesondere Beschaffung und Abrechnung der Kfz.-Briefe und Gebührenmarken der KBA

Bestellung und Abrechnung der staatlichen Gebührenmarken

Bearbeitung der Beanstandungen des Staatlichen Rechnungsprüfungsamtes und der Prüfungsmitteilung des Rechnungshofes

Bearbeitung von Stundungen, Niederschlagungen und Einstellung des Einziehungsverfahrens

Prüfung der Handkasse des Polizeikommissariats und des Kreisschulamtes

*Wohnungsangelegenheiten*

Beratung in Wohnungsangelegenheiten

Erfassung der Wohnungsnotstandsfälle des Kreises

Mitwirkung bei der Finanzierung von Bauvorhaben im Rahmen des Wohnungsnotstandsprogrammes (Mieterliste)

II/3 *Zivil- und Brandschutz*

Zivilschutzplanung, Selbstschutz, Warndienst, Alarmdienst

Zivilschutzkorps und Zivilschutzdienst

Schutzbau, Bevorratung, Schutz von Kulturgut, Strahlenschutz

Mittelbewirtschaftung

Angelegenheiten des Katastrophenschutzes

Angelegenheiten des Brandschutzes
u. a.: Zusammenarbeit mit dem Kreisbrandinspektor,
     Aufsicht über die Gemeinden nach dem Hess. Brandschutzgesetz und den einschlägigen Polizeiverordnungen

Ausbildung der Feuerwehren

Feuerwehrleistungswettkämpfe

Auszeichnung von Feuerwehrjubilaren

Aufsicht über den für alle Gemeinden des Kreises bestellten Brandverhütungsbeauftragten

*Verteidigungswesen*

Aufgaben nach dem Wehrpflichtgesetz und den dazu ergangenen Verordnungen (Allgemeine Verwaltungsvorschriften über die Erfassung der Wehrpflichtigen, Verordnung über die Erfassung von Wehrpflichtigen für besondere Aufgaben und Verordnung über die Zuständigkeit und das Verfahren bei der Unabkömmlichstellung, Musterungsverordnung)

# Anhang

Prüfung der von den Gemeinden erstellten Erfassungsunterlagen,
Führung der Wehrstammrollen der erfaßten Wehrpflichtigen,
Stellungnahmen zu Zurückstellungs- und Befreiungsanträgen,
Teilnahme an den Musterungen (benannte Beisitzer),
Verfolgung von Ordnungswidrigkeiten nach § 45 Abs. 1 Nr. 1 des Wehrpflichtgesetzes
Uk-Stellung von Wehrpflichtigen, die in der gewerblichen Wirtschaft sowie in der Land- und Forstwirtschaft tätig sind
Aufgaben nach dem Gesetz über die Sicherung des Unterhaltes der zum Wehrdienst einberufenen Wehrpflichtigen und ihrer Angehörigen (Unterhaltssicherungsgesetz)
Berechnung und Festsetzung der Leistungen für die Wehrpflichtigen und deren Angehörigen, Auszahlungsanweisungen an die Staatskasse
Aufgaben nach dem Bundesleistungs-, Schutzbereichs- und Landbeschaffungsgesetz
Anforderung von Leistungen gemäß § 5 Abs. 1 und § 79 Satz 1 des Bundesleistungsgesetzes,
Manöver und Übungen der Stationierungsstreitkräfte sowie der Bundeswehr
Angelegenheiten des Bundesleistungsgesetzes
Mittelbewirtschaftung

*Aufgaben nach dem HSOG*

Dienst- und Fachaufsicht als Polizeiaufsichtsbehörde
Bestellung von Hilfsbeamten der Staatsanwaltschaft
Zwischenfälle mit alliierten Streitkräften
Beflaggung
Gefangenensammeltransporte
Versammlungswesen
Bekämpfung des Bettlerunwesens, der Landstreicherei usw.
Obdachlosenfürsorge

## Abteilung III

*Sachgebiete:*

III/1  Staatsangehörigkeits- und Personenstandswesen
       Melde-, Paß- und Ausländerwesen

III/2  Aufgaben der unteren Wasserbehörde
       Sozialversicherungsangelegenheiten

III/3  Gewerbe- und Gaststättenrecht
       Preisüberwachung
       Jagd- und Fischereirecht

III/1  *Staatsangehörigkeits- und Personenstandswesen*
       Aufsicht über die Standesämter,

u. a.: Angelegenheiten nach dem Personenstandsgesetz,
Familien- und Eherecht,
Internationales Ehe- und Kindschaftsrecht

Prüfung der Personenstands-Zweitbücher

Bildung und Abgrenzung der Standesamtsbezirke, Verteilung der Standesamtskosten, Ernennung der Standesbeamten und Stellvertreter, Entschädigung der Standesbeamten sowie deren Aus- und Fortbildung

Berichtigungen von Personenstandseinrichtungen (Geburten, Eheschließungen und Sterbefälle)

Nachträgliche Beurkundung von Geburten und Sterbefällen beim Standesamt Berlin I

Haager Eheschließungsabkommen

Bearbeitung von Anträgen auf Vor- und Familiennamensänderung, Feststellung von Familiennamen

In- und ausländisches Adelsrecht

Bearbeitung von Anträgen auf Einbürgerung in den deutschen Staatsverband bzw. auf Ausbürgerung

Bearbeitung von Anträgen auf Ausstellung von Staatsangehörigkeitsausweisen, Heimatscheinen, Bescheinigungen für Deutsche ohne deutsche Staatsangehörigkeit i. S. d. Art. 116 Abs. 1 GG

Feststellung der Staatsangehörigkeit

*Ehrungen und Ordensangelegenheiten*

Ehe- und Altersjubiläen

50jährige Arbeitsjubiläen von Arbeitnehmern in privaten Unternehmen

Übernahme der Ehrenpatenschaft für das 7. Kind durch den Herrn Bundespräsidenten

Auszeichnung für Errettung von Menschen aus Lebensgefahr

Ordensangelegenheiten nach dem Gesetz über Titel, Orden und Ehrenzeichen

Kriegsgräberangelegenheiten

Führung der Kriegsgräberlisten und Bearbeitung der Änderungsmeldungen

Überwachung der Feststellung und Anerkennung von Kriegsgräbern, Umbettung und Zusammenlegung von Kriegstoten

Errichtung von Kriegsgräberanlagen

Pflege der Kriegsgräber und Kriegsgräberanlagen

Kostenanmeldung und -abrechnung

Überführung deutscher Kriegstoter aus anderen Ländern in die Bundesrepublik bzw. ausländischer Kriegstoter aus der Bundesrepublik in andere Länder

*Melde-, Paß- und Ausländerwesen*

Aufgaben nach dem Hess. Meldegesetz

Aufsicht über die Meldebehörden

Zuwanderer aus der SBZ und den Ostblockstaaten

Erteilung von Aufenthaltserlaubnissen für Ausländer und Staatenlose

Zusicherung von Aufenthaltserlaubnissen

# Anhang

a) zum Zwecke der Arbeitsaufnahme in der Bundesrepublik Deutschland,
b) zum Verwandtenbesuch (Touristen)

Ausländerstatistik
Sonderregelungen für ausländische Flüchtlinge und heimatlose Ausländer
Aufgaben nach der Asylverordnung
Aufgaben nach den Sonderbestimmungen für Ungarn
Repatriierung von Ungarnflüchtlingen
Überprüfungen der Suchlisten des Deutschen Roten Kreuzes für Ausländer
Einziehung und Rückgabe von ausländischen Pässen
Überprüfung der Wohnverhältnisse der Ausländer vor Erteilung der Aufenthaltserlaubnis
Ausstellung von Einzelpässen,
Familienpässen,
Kinderausweisen (als Paßersatz),
Fremdpässen,
Reiseausweisen nach dem Londoner und Genfer Abkommen
Paßverlängerungen, Erteilung von Rückkehrberechtigungen, Einreisesichtvermerken, Ausstellung und Einholung von Paßunbedenklichkeitsbescheinigungen
Aufgaben auf dem Gebiete des Auswanderungswesens

III/2 *Aufgaben der unteren Wasserbehörde*

Aufgaben nach dem Wasserhaushalts- und Hess. Wassergesetz
Überwachung und Prüfung der Trinkwasserversorgungsanlagen der Gemeinden
Überwachung und Prüfung privater Trinkwasserversorgungsanlagen
Gruppenwasserversorgung
Einrichtung von Wasserschutzgebieten
Wassermessungen und Wasseruntersuchungen
Planung und Bau von Wasserversorgungsanlagen
Wassernotstandsmaßnahmen
Ölalarmmaßnahmen
Schau der Gewässer 2. und 3. Ordnung, Festsetzung der Überschwemmungsgrenzen und Mitwirkung bei baulichen Maßnahmen in Überschwemmungsgebieten
Angelegenheiten des Wasserbuches
Mitwirkung bei Eintragungen und Löschungen von Wasserrechten im Wasserbuch
Mitwirkung bei Aufrechterhaltung alter Wasserrechte
Hochwasser und Hochwasserschutz
Eismeldungen

Überwachung und Prüfung von privaten und industriellen Abwasseranlagen

Mitwirkung bei Errichtung von wassergefährdenden Anlagen (Heizöltanks pp.)

Campingplatzangelegenheiten

Erteilung von Erlaubnissen und Genehmigungen bei Gewässerbenutzungen

Mitwirkung bei der Erteilung von Bewilligungen für Gewässerbenutzungen

Verfolgung von Ordnungswidrigkeiten nach den wasserrechtlichen Vorschriften

*Sozialversicherungsangelegenheiten*

*Krankenversicherung*

Allgemeine Aufgaben als Aufsichtsbehörde über die Krankenversicherungsträger

Genehmigung bei Beitragserhöhungen durch Anordnungen gemäß § 319 der Reichsversicherungsordnung (RVO)

Genehmigungsverfahren bei Beitragserhöhungen durch Änderung der Kassensatzung (Verfahren gemäß § 324 RVO)

Prüfung der Geschäfts-, Rechnungs- und Betriebsführung der Allgemeinen Ortskrankenkasse und der Betriebskrankenkassen

Prüfung der Haushaltsvoranschläge der Kassen

Bestellung und Vereidigung des Geschäftsführers sowie des Vollziehungsbeamten der AOK

Überwachung der Stellenpläne der AOK

Auskunftserteilung gemäß § 37 (1) RVO

Genehmigung von Abtretungserklärungen gemäß § 119 (2) RVO

Verhängung von Ordnungsstrafen gemäß § 318 a RVO

*Rentenversicherung für Arbeiter und Angestellte*

Auskunftserteilung in allen Fragen der Rentenversicherung in Verbindung mit Rentenberechnungen

Prüfung und Weiterleitung der bei den Gemeinden gestellten Rentenanträge an die Versicherungsträger

Entgegennahme von eidesstattlichen Erklärungen im Zuge der Wiederherstellung von in Verlust geratenen Versicherungsunterlagen

Ausstellung und Aufrechnung von Versicherungskarten und Abrechnung mit der Landesversicherungsanstalt und der Bundesversicherungsanstalt für Angestellte

Amtshilfe für Versicherungs- und Versorgungsträger

Erteilung von Gutachtenaufträgen an die Vertrauensärztliche Dienststelle der LVA

Erteilung von Zustimmungen zur Aushändigung des Kinderzuschusses gemäß § 1262 (8) RVO bzw. § 39 (8) AVG

Prüfung der Anträge auf Nachversicherung gemäß § 72 G 131

Anhang 99

*Knappschaftsversicherung*
Auskunftserteilung und Amtshilfe

*Unfallversicherung*
Entgegennahme von eidesstattlichen Erklärungen von Hinterbliebenen bei verschollenen Versicherten (§ 597 Unfallversicherungsneuregelungsgesetz, UVNG)
Erteilung von Zustimmungen bei Abtretung oder Verpfändung einer Abfindungssumme (§ 617 UVNG)
Verpflichtung der technischen Aufsichtsbeamten der Berufsgenossenschaft auf gewissenhafte Erfüllung ihrer Obliegenheiten (§ 715 UVNG)

*Handwerkerversicherung*
Auskunftserteilung und Amtshilfe

*Altershilfe für Landwirte*
Auskunftserteilung und Amtshilfe

*Versicherungsvereine*
Aufsicht über die Versicherungsvereine
Jährliche Prüfung der Geschäfts- und Rechnungsführung

III/3 *Gewerberecht*
Gewerberechtliche Angelegenheiten der unteren Verwaltungsbehörden und sonstige Genehmigungen nach der Gewerbeordnung (u. a. Handwerksordnung, Ausnahmegenehmigungen zur Eintragung in die Handwerksrolle und zur Ausbildung von Lehrlingen)
Bekämpfung der Schwarzarbeit
Reisegewerbe und Gewerbelegitimationskarten
Glücks- und Spielautomaten
Aufgaben nach dem Gesetz über Sonn- und Feiertage
Jugendarbeitsschutzgesetz
Aufgaben nach dem Gesetz über den Verkehr mit unedlen Metallen
Gewerbliche Anlagen, wie Dampfkessel, Aufzüge, Tankstellen
Aufgaben nach dem Maß- und Gewichtsgesetz, Marktverkehr
Aufgaben nach dem Gesetz über die Berufsausübung im Einzelhandel sowie dem Milchgesetz
Aufgaben nach dem Waffengesetz;
   u. a.: Einfuhr von Waffen,
      Erteilung von Waffenerwerb- und Waffenscheinen sowohl zum Schutz als auch für sportliche Zwecke und zur Schädlingsbekämpfung
Überwachung des Verkehrs mit Sprengstoffen
Bearbeitung von Sprengstofferlaubnisscheinen
Handel mit pyrotechnischen Gegenständen
Überwachung des Verkehrs mit feuergefährlichen Stoffen
Beseitigung von Kriegsmunition
Genehmigung von Sportschießständen in den Landgemeinden

Genehmigung von Schießhallen in den Landgemeinden

Regelmäßige Überprüfung von Schießbuden in Zusammenarbeit mit dem Kreisausschuß — Bauaufsichtsbehörde — und der Polizei

Verfolgung von Ordnungswidrigkeiten nach den einschlägigen gesetzlichen Vorschriften

*Gaststättenrecht*

Aufgaben nach dem Gaststättengesetz sowie der Verordnung über die Getränkeschankanlagen und der Straußwirtschaftsverordnung

Erteilung von Konzessionen für Gast- und Schankwirtschaften, Trinkhallen und Pensionen

Aufgaben nach der Verordnung über die Polizeistunde

Überprüfung der Gaststätten

Erteilung von Dauertanzgenehmigungen

*Preisüberwachung*

Allgemeine Preisangelegenheiten

Preisauszeichnungskontrollen nach der Verordnung über Preisauszeichnung

Überprüfung der Handelsklassenauszeichnungen (gemäß Verordnung über gesetzliche Handelsklassen für frisches Obst und Gemüse)

Preisbeobachtungen

Überwachung der Güternahverkehrstarife

Erstellung von Gutachten

Verfolgung von Verstößen gegen die Preis- und Auszeichnungsvorschriften

Mietpreisüberwachung gemäß

I. und II. Bundesmietengesetz,

Altbaumietenverordnung,

Neubaumietenverordnung,

Geschäftsraummietengesetz,

Gesetz über Bindungen für öffentlich geförderte Wohnungen,

§§ 82 ff. des II. Wohnungsbaugesetzes,

II. Berechnungsverordnung,

§ 2 a Wirtschaftsstrafgesetz (betr. unangemessener Mietpreisforderungen)

Verfolgung von Verstößen wegen unangemessen hoher Mietpreisforderung gemäß Wirtschaftsstrafgesetz

Erlaß von rechtsverbindlichen Mietpreisfestsetzungsbescheiden und sonstigen Entscheidungen auf dem Gebiete des Mietpreisrechts aufgrund der gesetzlichen Bestimmungen

Erstattung von Mietpreisgutachten für Behörden, Gerichte und Private (Mietpreisermittlung)

Allgemeine Auskunftserteilung auf dem Gebiete des Mietpreisrechts

*Jagd- und Fischereirecht*

Aufgaben nach dem Hess. Feld- und Forststrafgesetz

Taubensperre nach der Bestellung von Feldern und Gärten

Aufgaben der unteren Jagdbehörde nach dem Bundesjagdgesetz und dem Hess. Ausführungsgesetz;
u. a.: Jagdverpachtung,
Jagdbezirkseinteilung,
Bestellung des Kreisjagdberaters,
Wahl des Kreisjagdbeirates,
Festsetzung und Überwachung des Abschußplanes,
Führung der Abschuß- und Streckenlisten,
Jagdscheinerteilung

Aufgaben nach dem Fischereigesetz

## Zuständigkeiten des Oberkreisdirektors als untere staatliche Verwaltungsbehörde in Nordrhein-Westfalen

Kommunalaufsicht über die kreisangehörigen Ämter und Gemeinden;
Aufsicht über Körperschaften, Anstalten und Stiftungen
§ 48 (1) LKO. In den Fällen des § 48 (1) a—p bedarf der Oberkreisdirektor der Zustimmung des Kreisausschusses.

Aufsicht über die Zweckverbände, Schlichtung von Streitigkeiten
§§ 29, 30 des Gesetzes über kommunale Gemeinschaftsarbeit vom 26. April 1961 (GV NW S. 190 / SGV 792).

Aufsicht über die Wasser- und Bodenverbände
§ 48 (1) LKO i. V. m. § 2 des Gesetzes über Wasser- und Bodenverbände vom 10. Februar 1937 (RGBl. I S. 188) und § 1 der Ersten Verordnung über Wasser- und Bodenverbände (Erste Wasserverbandverordnung) vom 3. September 1937 (RGBl. I S. 933).

Aufsicht über Jagdgenossenschaften
§ 48 (1) LKO i. V. m. § 41 (2) Landesjagdgesetz Nordrhein-Westfalen vom 26. Mai 1964 (GV NW S. 177 / SGV 792).

Aufsicht über die Verwaltung der Fischerei in gemeinschaftlichen Fischereibezirken
§ 87 Abs. 4 des Fischereigesetzes vom 11. Mai 1916 (GS S. 55).

Planungsaufsicht im Landkreis
§ 4 des Landesplanungsgesetzes vom 7. Mai 1962 (GV NW S. 229).

Sonderaufsicht (Aufsicht über die Erfüllung der Pflichtaufgaben zur Erfüllung nach Weisung und der noch nicht in Pflichtaufgaben zur Erfüllung nach Weisung umgewandelten bisherigen Auftragsangelegenheiten)
§ 48 (1) LKO
Beispiele: Aufsicht über die örtlichen Ordnungsbehörden,
§ 7 des Gesetzes über Aufbau und Befugnisse der Ordnungsbehörden — Ordnungbehördengesetz (OBG) — vom 16. Oktober 1956 (GV NW S. 155),
Aufsicht über das Feuerschutzwesen in den kreisangehörigen Ämtern und amtsfreien Gemeinden, § 14 des Gesetzes über den Feuer-

schutz und die Hilfeleistung bei Unglücksfällen und öffentlichen Notständen vom 25. März 1958 (GV NW S. 101),

Aufsicht über die örtlichen Wasserbehörden in den Landkreisen, §§ 99 (1) des Wassergesetzes für das Land Nordrhein-Westfalen vom 22. Mai 1962 (GV NW S. 235).

Rechtsmittelentscheidung gegen die Entscheidungen der Ämter und amtsfreien Gemeinden über die Ausstellung, Kennzeichnung, Einziehung und Ungültigkeitserklärung von Ausweisen nach §§ 15, 18 des Gesetzes über die Angelegenheiten der Vertriebenen und Flüchtlinge (Bundesvertriebenengesetz — BVFG) i. d. F. vom 23. Oktober 1961 (BGBl. I S. 1883)

§§ 1 (1), 5 (3) der Verordnung der Landesregierung zur Ausführung des Bundesvertriebenengesetzes vom 12. März 1958 (GVBl. S. 91).

Aufsicht über die Wohnungsbehörden; Vertreter des Landesinteresses in Wohnungssachen

§§ 3, 12 des Landeswohnungsgesetzes vom 9. Juni 1954 (GS NW S. 473).

Zulassung von Ausnahmen von Verboten nach dem Gesetz über die Sonn- und Feiertage

§ 10 des Gesetzes über die Sonn- und Feiertage vom 16. Oktober 1951 (GV NW S. 128) i. d. F. des § 1 Nr. 17 des Ersten Gesetzes zur Neuordnung und Vereinfachung der Verwaltung vom 23. Juli 1957 (GV NW S. 189).

Personenstandsangelegenheiten einschließlich Standesamtsaufsicht

Verordnung der Landesregierung über Zuständigkeiten im Personenstandswesen vom 21. Januar 1958 (GVBl. S. 31 f.).

Koordinierungszuständigkeiten, Berichtspflicht

§§ 48, 49 LKO.

Kreispolizeibehörde

§ 6 (1) des Gesetzes über die Organisation und die Zuständigkeit der Polizei im Lande Nordrhein-Westfalen vom 11. August 1953 (GV NW S. 330). Zwischen den Leitern der Kreispolizeibehörden und den unteren staatlichen Verwaltungsbehörden besteht in der Person des Oberkreisdirektors als untere staatliche Verwaltungsbehörde eine Personalunion. Die Kreispolizeibehörden sind aber nach § 9 (2) des Gesetzes über die Organisation der Landesverwaltung — Landesorganisationsgesetz (LOG NW) — vom 10. Juli 1962 (GV NW S. 421 / SGV 2005) selbständige untere Landesbehörden.

Schulamt

§ 18 des Schulverwaltungsgesetzes vom 3. Juni 1958 (GV NW S. 241). Das Schulamt im Landkreis besteht aus dem Oberkreisdirektor und dem Schulrat und ist gem. § 9 (2) LOG NW eine selbständige untere Landesbehörde.

## Muster eines Verwaltungsgliederungsplanes (Organisationsplanes) für die Landratsämter in Rheinland-Pfalz

### Zentralabteilung

Referat 1:   Büroleitung (Innerer Dienstbetrieb der Behörde, Registratur,
G            Bücherei, Archiv, Beschaffungswesen, Kraftfahrzeugwesen, Zentralkanzlei, Fernsprechvermittlung, Postabfertigung).

Referat 2: Schriftführung für Kreistag und Kreisausschuß, Kreiskommissio-
K           nen und sonstige Ausschüsse, soweit nicht das sachlich zuständige
            Referat die Schriftführung wahrnimmt; Schriftverkehr des Land-
            ratsamts mit anderen Behörden, soweit sachlich kein anderes
            Referat zuständig ist; Schriftverkehr mit Landkreistag und ande-
            ren Verbänden, soweit sachlich kein anderes Referat zuständig ist.

Referat 3: Schriftführung des Kreisrechtsausschusses
G

Referat 4: Personalverwaltung
G          (Personalangelegenheiten der Kreisbeamten, Kreisangestellten
           und Kreisarbeiter (K); Personalangelegenheiten der Staatsbeam-
           ten des Landratsamts, Vollzug des Bundesgesetzes zu Art. 131 GG
           (S).)

Referat 5: Statistik, Presse, politische Fragen
G          (Durchführung von Statistiken, soweit kein anderes Referat sach-
           lich zuständig ist; Sammlung aller statistischer Unterlagen;
           Presseauswertung, amtliche Bekanntmachungen, Verbindung mit
           Presse und Rundfunk, allgemeine politische Fragen).

### Abteilung 1a

*Gemeindeaufsicht und andere Hoheitsaufgaben*

Referat 10: Gemeindeaufsicht in sachlicher, personeller und finanzieller Hin-
S           sicht; Staatsaufsicht über Ämter, Zweckverbände und gemeind-
            liche Stiftungen, Kommunalwahlen.

Referat 11: Wasserrecht und Wasserpolizei, Aufgaben der unteren Jagdbe-
S           hörde, unteren Forstbehörde und unteren Naturschutzbehörde,
            Fischereiwesen.

Referat 12: Wahlen und Abstimmungen (soweit nicht Kommunalwahlen), Per-
S           sonalstandswesen, Staatsangehörigkeit, Kriegsgräber.

Referat 13: Ziviler Bevölkerungsschutz
S           (Brandschutz mit Kreisbrandinspekteur, Luftschutz, Katastro-
            phenhilfe, Verbindung mit dem Deutschen Roten Kreuz und dem
            Technischen Hilfswerk).

Referat 14: Landesverteidigung
S           (Vollzug des Wehrpflichtgesetzes — Erfassung, Musterung —, des
            Bundesleistungsgesetzes, des Schutzbereichsgesetzes und des
            Landbeschaffungsgesetzes, Verteidigungslasten und Stationie-
            rungsschäden — in Verbindung mit dem Amt für Verteidigungs-
            lasten —).

### Abteilung 1b

*Polizeiverwaltung*

Referat 15: Verwaltungspolizei
S           (Aufgaben des Landratsamtes als Kreispolizeibehörde, soweit nicht
            andere Referate zuständig sind; insbesondere: Vollzug des Polizei-
            verwaltungsgesetzes und seiner Durchführungsvorschriften, Paß-
            und Ausweiswesen, Ausländerpolizei, Versammlungs- und Ver-
            einswesen, Meldewesen, Polizeistunde, Tanzerlaubnisse, Gesund-

heitspolizei — mit Gesundheitsamt, Lebensmittelpolizei, Sprengstoffwesen, Waffenwesen).

Referat 16: Straßenverkehr
S (Vollzug des Straßenverkehrsgesetzes, der Straßenverkehrsordnung, der Straßenverkehrszulassungsordnung, Personen- und Güterbeförderung zu Lande, Wegepolizei).

Referat 17: Polizeivollzugsdienst
S (Einsatz, Ausbildung und Ausrüstung der Gendarmerie bzw. Ordnungspolizei).

## Abteilung 2

*Schulen und Kultur*

Referat 20: Büro des Kreisschulamtes
S

Referat 21: Berufsschulen
K (Verwaltung der Kreisberufsschulen, soweit nicht dem Berufsschuldirektor übertragen, Büro des Berufsschuldirektors, — Personal mit Referat 4, Finanzen mit Referat 90 —).

Referat 22: Kulturelle Aufgaben
K (Kreisbildstelle, Kreisfilmdienst, Volksbildung — Kreisvolksbildungswerk —, Förderung von Kunst, Wissenschaft, Heimatgeschichte, Büchereiwesen, Heimatpflege, Betreuung des ostdeutschen Kulturgutes, kirchliche Angelegenheiten).

Referat 23: Sonstiges Schulwesen
K (bei Bedarf auch Verwaltung kreiseigener Unterrichtsanstalten).

## Abteilung 3

*Lastenausgleich*

Referat 30: Allgemeine Verwaltung des Ausgleichsamtes
A

Referat 31: Schadensfeststellung und Hauptentschädigung
A

Referat 32: Ausgleichsleistungen mit Rechtsanspruch
A

Referat 33: Ausgleichsleistungen ohne Rechtsanspruch
A

## Abteilung 4

*Fürsorge und Versicherungsamt*

Referat 40: Allgemeine Fürsorgeverwaltung
K (Soziale Einrichtungen und Verbände, Fürsorgestatistik, Abrechnungsstelle, Zusammenarbeit mit dem Gesundheitsamt und anderen Behörden).

Referat 41: Offene Fürsorge
K

Referat 42: Geschlossene Fürsorge
K

Referat 43: Fürsorgestelle für Kriegsbeschädigte und Kriegshinterbliebene
K

Referat 44: Aufgaben des Versicherungsamtes
S

Abteilung 5

*Verwaltung des Jugendamtes*

Referat 50: Allgemeine Verwaltung des Jugendamtes, Jugendfürsorge
K

Referat 51: Amtsvormundschaften
K

Referat 52: Jugendschutz, Gefährdetenfürsorge, Jugendgerichtshilfe
K

Referat 53: Jugendpflege
K

Abteilung 6

*Bau-, Wohnungs- und Siedlungswesen*

Referat 60: Allgemeine Bauverwaltung
G (Baurecht, Baupolizei in rechtlicher Hinsicht, Finanz- und Wirtschaftsfragen).

Referat 61: Hochbau
G (Baupolizei in technischer Hinsicht, Hochbauaufgaben des Landkreises und der Gemeinden, Kreis- und Ortsplanung, Bauberatung).

Referat 62: Tiefbau
K (Tiefbauaufgaben des Landkreises und der Gemeinden, Mitwirkung bei der Baupolizei, Bauberatung).

Referat 63: Sozialer Wohnungsbau, Wohnungsamt, Mietpreisbehörde
S (Förderung des Sozialen Wohnungsbaues, Aufgaben des Wohnungsamtes und Fachaufsicht über die gemeindlichen Wohnungsämter, Wohnungspflege, Siedlungswesen, Kleingartenwesen, Unterbringung von Umsiedlern und Flüchtlingen, Mietpreisbildung und Mietpreisüberwachung).

Abteilung 7

*Wirtschaftsverwaltung*

Referat 70: Gewerbepolizei
S (Vollzug der Gewerbeordnung des Gaststättengesetzes, der Handwerksordnung, des Einzelhandelschutzgesetzes usw.).

Referat 71: Aufgaben der unteren Preisbehörde
S (außer bei Mieten)

Referat 72: Wirtschaftsförderung
K  (Fremdenverkehr, Industrieansiedlung, Kreditwesen u. a.).

Referat 73: Landwirtschaft
G  Landwirtschaftlicher Grundstücksverkehr, Körwesen, Veterinärpolizei — mit Veterinäramt —, Milchverkauf ab Hof, Landwirtschaftliche Siedlung, Höfeordnung, Flurbereinigung, Förderung von Landwirtschaft, Weinbau und Gartenbau — Zusammenarbeit mit der Landwirtschaftsschule und Beratungsstelle und der jeweils zuständigen Sonderbehörde bzw. dem Landwirtschaftsgericht).

Referat 74: Verwaltung der wirtschaftlichen Einrichtungen und Aufgaben des Landkreises
(nur bei Bedarf)

### Abteilung 8

*Prüfungswesen*

Referat 80: Rechnungsprüfung des Landkreises
K  (falls eingeführt auch Visakontrolle)

Referat 81: Prüfung der kreisangehörigen Gemeinden
S  (Gemeindeprüfung)

### Abteilung 9

*Finanzen*

Referat 90: Finanzverwaltung
K  (Haushalt, Vermögen, Schulden, Rücklagen, Kreisumlage, Staatliche Finanzzuweisungen, Kassenaufsicht).

Referat 91: Abgabenverwaltung
K  (Erhebung von Steuern, Benutzungsgebühren, Verwaltungsgebühren und Beiträgen durch den Landkreis).

Referat 95: Kreiskasse
G  (Alle Kassengeschäfte des Landkreises und des Landratsamtes als Staatsbehörde, Aufgaben und Vollstreckungsbehörde)
— der Abteilung 9 angegliedert, sachlich jedoch unmittelbar dem Landrat unterstellt —

## Saarland

### Geschäftsverteilungsplan des Landratsamtes Saarbrücken

*Abteilung:*

L I    *Hauptverwaltung*
       einschl. Kreisrechtsausschuß

L I a  *Preisüberwachung*

L I Z  *Bundeswehr, Zivilschutzangelegenheiten, Notstandplanungen*

L II   *Gemeindeaufsicht*

| | |
|---|---|
| L III | *Allgemeine Polizeiangelegenheiten* (außer Gewerbe- und Verkehrspolizei) |
| L IV | *Standesamtswesen, Versicherungen, Wahlamt* |
| L V | *Gewerbepolizei* |
| L VI | *Staatl. Haushalts-, Kassen- und Rechnungswesen* |
| L VII | *Schul- und Kirchenwesen, Kultur- und Heimatpflege, Naturschutz, Statistik* |
| L VIII | *Baugenehmigungsbehörde und Bodenverkehr* |
| L IX | *Staatshoheitsangelegenheiten, Fremden- und Meldepolizei, Paßwesen, Ehrungen und Auszeichnungen, Aufenthaltserlaubnisse* |
| L X | *Gemeindeprüfungsamt des Kreises* |
| L XI | *Straßenverkehrsstelle* |

    a) Allgemeine Verkehrsangelegenheiten, Verkehrsregelung und Überwachung

    b) Zulassungsstelle

    c) Angelegenheiten des Transportgewerbes, Führerscheinangelegenheiten

    d) Strafverfolgung von Verstößen gegen die Verkehrsbestimmungen

| | |
|---|---|
| L XII | *Flüchtlings- und Vertriebenenamt, Kreiswohnungsamt* |
| L XIII | *Lastenausgleichsamt* |
| L XIV | *Amt für Besatzungsschäden* |

## L I
### Hauptverwaltung
(dem Landrat unmittelbar unterstellt)

*Arbeitsgebiet:*

Verfassungs- und allgemeine Verwaltungsfragen, Grenzangelegenheiten; Allgemeine Staatsaufsicht;

Organisation und Dienstbetrieb der staatlichen Kreisverwaltung einschließlich allgemeine Dienstaufsicht;

Personalangelegenheiten der Beamten, Angestellten, Lehrlinge und Arbeiter der Staatlichen Verwaltung; Rechtswesen (Schöffen und Geschworene, Schiedsmannsangelegenheiten);

Kreisrechtsausschüsse I, II, III und IV;

Bearbeitung der Verschlußsachen; Dienstversammlungen der Bürgermeister; besonders wichtige Angelegenheiten aus sonstigen Sachgebieten (z. B. Feuerwehr, Naturschutz).

## L I a
### Preisbehörde

*Arbeitsgebiet:*

Preisbildung für Mieten und Pachten

Erstellung von Gutachten für Mieter, Vermieter, staatl. und kommunale Behörden, Gerichte.

Preisüberwachung und Preisauszeichnung

Durchführung von Bußgeldverfahren
a) bei Nichteinhaltung der Preisauszeichnungspflicht
b) bei Nichteinhaltung der Festpreise
Überwachung des Güternahverkehrs
Prüfung der Rechnungslegung nach dem Güternahverkehrstarif (GNT)
Durchführung von Bußgeldverfahren
a) bei unerlaubtem Güternahverkehr
b) bei Nichteinhaltung des GNT
Überwachung der „Freien Tankstellen"

## L I Z

### Zivilschutz, zivile Verteidigung

*Arbeitsgebiet:*

Zivilschutz (Luftschutz, Katastrophenschutz)
Zivile Verteidigung
Bundeswehr

## L II

### Gemeindeaufsicht
### (dem Landrat unmittelbar unterstellt)

*Arbeitsgebiet:*

Allgemeine Angelegenheiten der Gemeindeaufsicht;

Verfassung, Benennung, Gebiet und Grenzen, Einwohner und Bürger der Städte, Ämter und Gemeinden;

Satzungswesen

Widerspruchsverfahren gem. § 55 GemO und § 19 AmtsO Beschwerdeangelegenheiten, Amts- und Gemeindeverwaltung (Gemeinderat, Amtsrat, Bürgermeister, Beigeordnete und Amtsvorsteher)

Beamten- und Tarifrecht der Amts- und Gemeindebediensteten, Stellenplanrecht, Gemeindliche Ehrenbeamte (Wahl, Bestätigung, Ausscheiden, Aufwandsentschädigung, Reisekosten usw.); Gemeindefinanzen im allgemeinen; Gemeindevermögen (Rücklagen, Grundvermögen einschl. Tausch und Verkauf)

Wirtschaftliche Betätigung der Gemeinden (Bearbeitung des Schriftverkehrs über die durch öffentlich bestellte Wirtschaftsprüfer durchzuführenden Prüfungen gemeindlicher Unternehmen); Gemeindeschulden und Bürgschaften, Genehmigungen nach § 94 GemO Haushaltswesen der Ämter und der Gemeinden;

Kassen- und Rechnungswesen der Ämter und der Gemeinden; Gemeindesteuern und -abgaben; Staatsaufsicht über die Ämter und die Gemeinden; Zwischengemeindliche Verbände (Zweckverbände) innerhalb des Kreises (Verfassung,, Gründung, Auflösung, Haushalts-, Kassen- und Rechnungswesen der zw. g. V.);

Sparkassenangelegenheiten.

## L III und L VII

### Allgemeine Polizeiangelegenheiten
(außer Gewerbe- und Verkehrspolizei)

*Arbeitsgebiet:*

*Allgemeine Polizeiangelegenheiten* (Aufsicht über die Ortspolizeibehörden, Polizeikostengesetz, Polizeiverordnungen, sonstige Anordnungen der Polizeibehörden, polizeiliche Verfügungen und Strafanträge gem. §§ 413—418 StPO, Rechtshilfe, Auskünfte); Anerkennung von Rettungstaten.

Polizeiliche Maßnahmen bei Zuwiderhandlung gegen das Baugesetz; Bestätigung der mit der Wahrnehmung polizeilicher Aufgaben beauftragten Kommunalbeamten gemäß § 13 PVG — Verwaltungspolizei- und Baupolizei — Bestätigung der Hilfspolizeibeamten im Rahmen ihrer Tätigkeit — Feldhüter, Feuerwehrleute —

Spiel- und Warenautomaten; Genehmigung zum Betrieb einer Spielhalle usw. § 33 GewO Bewachungsgewerbe — VO betr. die Ausübung des Bewachungsgewerbes —

*Verkehr mit Waffen,* Munition und Sprengstoffen (Genehmigungen zum Handel, Erteilung von Waffen- und Waffenerwerbsscheinen); Erlaß von Bußgeldbescheiden nach dem Ordnungswidrigkeitsgesetz, Polizeistundenverlängerungen, Genehmigungen von Abweichungen von dem gesetzlichen Ruhetag in Schankwirtschaften.

*Feuerpolizei* (Feuerlöschwesen, Schornsteinfegerwesen);

*Untere Wasserbehörde* (wasserpolizeiliche Genehmigungen, Anordnungen und Zwangsrechte, Schau der Wasserläufe III. Ordnung, Bachregulierungen, Regelung von Abwasserfragen, Abwasserverband Saar, Wasserrechtsverleihungen); Hochwasser;

*Feld- und Forstpolizei* (Schädlingsbekämpfung);

*Untere Jagdbehörde* (Jagdpolizei im allgemeinen, Jagdscheine, Jagderlaubnisscheine, Jagdscheingebühren, Wildschäden im allgemeinen, Maßnahmen zur Bekämpfung der Kaninchen- und Krähenplage); Jagdpachtverträge, Abschußpläne, Abschußregelung, Jagdaufseher;

*Fischereipolizei* (Fischereigesetz, Schonzeiten, Fischereischeine, Fischerei-Erlaubnisscheine), Fischerei-Aufseher;

*Kriminal- und politische Polizei* (Führungszeugnisse, Strafregisterauszüge, Begnadigungen, Amnestie, Gefangenentransport, Polizeiaufsicht, Vermißtenforschung);

*Vereins- und Versammlungspolizei* (Vereinsregister, Versammlungen und Aufzüge);

*Gesundheitspolizei* (Medizinalpolizei im allgemeinen, Medizinalpersonen, Gesundheitsüberwachung, Verkehr mit Arzneien, Drogen, Lebens- und Genußmitteln und Bedarfsgegenständen, Impfwesen, Leichen- und Bestattungswesen, Desinfektionswesen;

Bekämpfung der Ausbreitung übertragbarer Krankheiten, insbesondere in Volksschulen; Durchführung des Hebammengesetzes;

Durchführung des Gesetzes über die berufsmäßige Ausübung der Heilkunde (Heilprakt.); Durchführung der PVO über den Handel mit Giften;

*Veterinärpolizei* (im allgemeinen, Veterinärpersonen, Schlachtvieh- und Fleischbeschau, Kreisergänzungsbeschaukasse, Viehseuchen, Tierschutz, Abdeckereiwesen, Viehtransporte, Viehhöfe, Wanderschafherden);

Sonstige polizeiliche Tätigkeitsgebiete (Gewerbeunzucht, Alkoholmißbrauch, Waffen und Schieß-Sport, Sammlungen, Lotterien, Fundsachen);
Erfassung, Musterung, UK-Stellung und Freistellung der Wehrpflichtigen.

## L VII
### Schul- und Kirchenwesen, Kultur- und Heimatpflege, Naturschutz, Statistik

*Arbeitsgebiet:*

Schul- und Kirchenwesen
Schulsport einschließlich Sportanlagen
Kirchliche und weltanschauliche Angelegenheiten im allgemeinen, Bildung von Kirchengemeinden, Kirchenwahlen, Vermögensangelegenheiten, Haushalts- und Rechnungswesen der Kirchen
Angelegenheiten der Geistlichen
Kulturelle Angelegenheiten — allgemein
Denkmalschutz, Kriegsgräberfürsorge
Naturschutz (Untere Naturschutzbehörde)
Statistik (Statistische Erhebungen, Volks-, Berufs- und Gewerbezählungen, Viehzählungen)
Munitionsfunde
Kriegsgefangene, Nachforschung nach vermißten Kriegsteilnehmern

## L IV
### Personenstandsangelegenheiten, Versicherungsamt, Wahlamt

*Arbeitsgebiet:*

Personenstandsangelegenheiten (allgemein)
Fortführung der Zweitbücher
Prüfung der Standesämter
Änderung von Familien- und Vornamen
Versicherungsangelegenheiten
Alle Wahlangelegenheiten

## L V
### Gewerbepolizei

*Arbeitsgebiet:*

Erteilung, Versagung und Entziehung der Erlaubnis zum Einzelhandel mit
    Waren aller Art
    Lebensmitteln
    Arznei- und ärztlichen Hilfsmitteln
Reisegewerbekarten an Inländer
Reisegewerbekarten an Ausländer
Internationale Legitimationskarten
Erlaubnis zur Errichtung genehmigungspflichtiger Anlagen

Erlaubnis zur Durchführung von Sonderveranstaltungen, wie Räumungsverkäufe
Erlaubnis zum Verkehr mit edlen und unedlen Metallen, Schrott- und Rohprodukten
Erlaubnis zum Führen des Blindenwarenzeichens (Anerkennung als Blindenwerkstätte) — zuständig für das gesamte Saarland
Blindenwaren-Vertriebsausweise — zuständig für das gesamte Saarland
Erlaubnis zur Durchführung von Wanderlägern
Erlaubnis zum Einzelhandel mit Milch und Genehmigung von Speiseeisdielen
Schankerlaubnis Kleinhandel mit Branntwein
Marktverkehr, Eichwesen sowie des § 14 der GewO (An-, Um- und Abmeldung von Gewerbebetrieben)

## L VI

*Haushalts-, Kassen- und Rechnungswesen,
Materialbeschaffung und -verwaltung*
(dem Landrat unmittelbar unterstellt)

*Arbeitsgebiet:*
Führung der staatlichen Bürokasse nach den hierfür geltenden Bestimmungen und Richtlinien;
Landrätlicher Haushalt, Rechnungswesen;
Vergütung der staatlichen Angestellten, Lehrlinge und Arbeiter einschließlich Auszahlung der Vergütung und Löhne;
Beschaffung und Verwaltung des staatseigenen Mobiliars einschl. Büromaschinen usw.;
Beschaffung und Verwaltung des Bürobedarfs einschl. der Fachliteratur.

## L VIII

*Baupolizei und Bodenverkehr*
(dem Landrat unmittelbar unterstellt)

*Arbeitsgebiet:*

*Baugenehmigungsbehörde:*
Vollzug des Baugesetzes, Bauberatung, Bauüberwachung. Baukontrolle, Bauabnahme

*Bodenverkehr:*
Auflassung von Grundstücken, Teilung von Grundstücken, Teilungen zum Zwecke der Bebauung, Prüfung der Bebauungsmöglichkeit veräußerter und zu teilender Grundstücke

## L IX

*Paß- und Ausländeramt, Meldepolizei,
Ehrungen und Auszeichnungen*

*Arbeitsgebiet:*
Titel, Orden und Ehrenzeichen
Stiftungen, Lebensrettung, Verleihung der Rettungsmedaille, Ehrung bei Ehe-

und Altersjubiläen, Ehrung bei Arbeitsjubilaren, Ehrenpatenschaften, Staatsangehörigkeit — Allgemeines — Ausstellung von Staatsangehörigkeitsausweisen und Heimatscheinen, Einbürgerungen
Verlust der Staatsangehörigkeit, Entlassung und Aberkennung
Meldewesen — Allgemeines
Meldeämter und Meldekarteien
Paßwesen — Allgemeines
Ausstellung von Pässen und Sichtvermerken
Paßkartei, Register pp.
Personalausweisrecht
Sichtvermerksrecht
Zusicherung der Aufenthaltserlaubnis
Asylrecht
Recht der heimatlosen Ausländer
Aufenthaltsverbot
Abschiebung, Gefangenentransport
Übernahme von Personen der Grenze, Erteilung der Aufenthaltserlaubnisse, Akademischer Austauschdienst, Vertrag zur Regelung der Saarfrage — Grenzgänger-Regelungen — Ermittlung der Staatsangehörigkeit, Ausländerüberwachung und Statistik

## L X

*Gemeinde- und Kreisrechnungsprüfungsamt*
(dem Landrat unmittelbar unterstellt)

*Arbeitsgebiet:*

Laufende Überwachung der Zahlstelle der Landeshauptkasse des Saarlandes beim Landratsamt;

Prüfung der Haushaltsrechnungen der kreisangehörigen Ämter und Gemeinden vor der Beschlußfassung über die Entlassung; desgleichen der Jahresabschlüsse der von der Pflicht zur Prüfung durch einen öffentlich bestellten Wirtschaftsprüfer befreiten gemeindlichen Betriebe;

Außerordentliche Prüfung der Amtskassen, Gemeindekassen und ihrer Neben- und Sonderkassen;

Besondere Ordnungsprüfungen und sonstige Prüfungen der staatlichen Kreisverwaltung, der gemeindlichen Betriebe und der gemeindlichen Beteiligungen auf Zweckmäßigkeit und Wirtschaftlichkeit;

Ausführung von Sonderaufträgen auf dem Gebiete des Prüfungswesen.

## L XI

*Straßenverkehrsstelle*

*Arbeitsgebiet:*

a) *Allgemeine Verkehrsangelegenheiten:*

Verkehrsregelung und -überwachung, Wege- und Straßenverkehrspolizei, Eisenbahn, Autobahnen, Straßenbahnen, Notstandskartei, Lageberichte;

b) *Zulassungsstelle für Kraftfahrzeuge:*
Zulassung von Kraftfahrzeugen, Erteilung von Fahrbriefen, Erteilung der Benutzungserlaubnis;

c) *Angelegenheiten des Transportgewerbes, Führerscheinangelegenheiten:*
Verkehrsgewerbe (Verkehrsgewerbe im allgemeinen, Kraftfahrzeuglinien, Güterfernverkehr, Güternahverkehr, Personenbeförderungsgesetz, Droschken-, Mietwagen-, Ausflugs- und Gelegenheitsverkehr);
Erteilung und Entzug von Führerscheinen, Angelegenheiten der Fahrlehrer und Fahrschulen;

d) *Strafverfolgung von Verstößen gegen die Verkehrsbestimmungen:*
Erteilung von Transportgenehmigungen

## L XII

*Flüchtlings- und Vertriebenenamt, Kreiswohnungen*

*Arbeitsgebiet:*
Wohnraummäßige Versorgung von Vertriebenen und Flüchtlingen
Allgemeine Wohnungsangelegenheiten, Wohngeld
Bearbeitung der Anträge auf Ausstellung eines Ausweises für Vertriebene und Flüchtlinge (BVFG)

## L XIII

*Lastenausgleichsamt*

*Arbeitsgebiet:*
Vollzug des Lastenausgleichsrechtes

## L XIV

*Amt für Besatzungsschäden*

*Arbeitsgebiet:*
Regelung der Besatzungsschäden

# Literaturverzeichnis

*Arnold:* Kreise und Selbstverwaltungskörper in Baden. In: Jeserich, Die deutschen Landkreise, S. 259 ff.

*Barth:* Das Verfassungsrecht der saarländischen Landkreise. In: Die Landkreisordnungen in der Bundesrepublik, hrsg. von Hans-Georg Wormit, 1960, S. 249 ff.

*Becker:* Entwicklung der deutschen Gemeinden und Gemeindeverbände im Hinblick auf die Gegenwart. In: Handbuch der kommunalen Wissenschaft und Praxis, Band I, S. 62 ff.

— Die Selbstverwaltung als verfassungsrechtliche Grundlage der kommunalen Ordnung in Bund und Ländern. In: Handbuch der kommunalen Wissenschaft und Praxis, Band I, S. 113 ff.

— Kommunale Selbstverwaltung. In: Die Grundrechte, Handbuch der Theorie und Praxis der Grundrechte, hrsg. von Bettermann und Nipperdey, 4. Band, 2. Halbband, S. 673 ff.

— Die Ausführung von Bundesgesetzen durch Gemeinden und Gemeindeverbände. Bayerische Verwaltungsblätter 1961 S. 65 ff.

*Berkenhoff:* Das Kommunalverfassungsrecht in Nordrhein-Westfalen. 1960.

*Berner:* Niedersächsische Landkreisordnung. 1959.

*Bornhak:* Geschichte des preußischen Verwaltungsrechtes, Band I—III, 1884/86.

*Bückmann:* Kommunalverfassung im Lande Nordrhein-Westfalen. 1965.

*Cantner:* Verfassungsrecht der Landkreise. In: Handbuch der kommunalen Wissenschaft und Praxis, Band I, S. 409 ff.

*Dehe:* Neufassung des Selbstverwaltungsgesetzes für Rheinland-Pfalz. Der Landkreis 1965 S. 48 ff.

*Dellbrügge:* Die Selbstverwaltung in den Landkreisen. In: Selbstverwaltung und Landkreise, hrsg. vom Nordrhein-Westfälischen Landkreistag 1956 S. 22 ff.

*Ebner:* Die Landkreise und das Sachverständigengutachten zur Vereinfachung, Verbesserung und Verbilligung der Verwaltung. Vortrag auf der Landrätekonferenz Baden-Württemberg 1958.

*Ernst:* Selbstverwaltung und Verwaltungsreform. DÖV 1952 S. 353 ff.

*Fonk:* Die Behörde des Regierungspräsidenten (Funktionen, Zuständigkeit, Organisation). Schriftenreihe der Hochschule Speyer, Band 36, 1967.

*Forsthoff:* Lehrbuch des Verwaltungsrechts. 9. Aufl. 1966.

*Fricke:* Die bayerischen Landkreise. Geschichtliche Entwicklung, Wesen und Rechtsstellung. Dissertation (München) 1963.

*Galette-Laux:* Kommentare zur Gemeindeordnung, Kreisordnung, Amtsordnung für Schleswig-Holstein. 1961.

*Geissler:* Ernannter oder gewählter Landrat? DÖV 1952 S. 356 ff.

*Gelpke:* Die geschichtliche Entwicklung des Landrathsamtes der preußischen Monarchie. 1902.

*Gestering:* Die Landkreise in Bayern. In: Jeserich, Die deutschen Landkreise. 1937.

*Giese:* Preußische Rechtsgeschichte. 1920.

*Gneist:* Die preußische Kreis-Ordnung. 1870.

*Göb:* Bund und Gemeinden. In: Buch deutscher Gemeinden. 1965 S. 109 ff.

*Gönnenwein:* Gemeinderecht. 1963.

*Göz:* Das Staatsrecht des Königreichs Württemberg. 1908. [Das öffentliche Recht der Gegenwart. Band II.]

*von der Groeben:* Organisationsprobleme in Staat und kommunaler Selbstverwaltung. Informationsdienst 1963 S. 94 ff., 99 ff.

*Gröbner:* Der Landkreis als untere Verwaltungsbehörde. Landkreis 1959 S. 3 ff.

*Grotewohl:* Die Verfassung der Gemeinden und Kreise im Freistaat Braunschweig. 2. Aufl. 1928.

*Grube:* Vogteien — Ämter — Landkreise. In: Der Landkreis 1960 S. 392 ff.

— Vogteien, Ämter, Landkreise in der Geschichte Südwestdeutschlands. 2. Aufl. 1960.

*Halstrick:* Die rechtliche Stellung des leitenden Verwaltungsbeamten in den Landkreisordnungen der Bundesländer unter gleichzeitiger Berücksichtigung der Entwicklung in der sowjetischen Besatzungszone. Dissertation (Köln) 1962.

*Heffter:* Die deutsche Selbstverwaltung im 19. Jahrhundert. 1950.

*Heim:* Die Landkreise im Wandel der Zeit. In: Die Landkreisordnungen in der Bundesrepublik Deutschland, hrsg. von Hans-Georg Wormit. 1960, S. 7 ff.

*Hue de Grais:* Handbuch der Verfassung und Verwaltung in Preußen und dem Deutschen Reiche. 25. Aufl. 1930.

Innenministerium Baden-Württemberg: Wirkungskreis der Behörden in Baden-Württemberg, hrsg. vom Innenministerium Baden-Württemberg. 1956.

*Jeserich:* Die deutschen Landkreise. Material zur Landkreisreform. 1937.

— Zur Reform der Landkreisverwaltung. In: Jeserich, Die deutschen Landkreise. Material zur Landkreisreform. 1937.

*Knaut:* Geschichte der Verwaltungsorganisation unter besonderer Berücksichtigung Preußens und der rheinisch-westfälisch-lippischen Lande. 1961.

*von Koch:* Die Demokratisierung der Verwaltung. Der bayerische Bürgermeister 1949 S. 49 ff.

*Kolvenbach:* Die untere staatliche Verwaltungsbehörde in den Landkreisen des Landes Nordrhein-Westfalen. Die Selbstverwaltung 1958 S. 261 ff.

— Stellung und Aufgaben des Oberkreisdirektors nach der Landkreisordnung für das Land Nordrhein-Westfalen. Die Selbstverwaltung 1955 S. 306 ff.

*Korte:* Verfassung und Verwaltung des Landes Niedersachsen. 1962.

Landkreis Vaihingen (Hrsg.): Das Landratsamt Vaihingen. 1964.

*Landkreistag Rheinland-Pfalz:* Denkschrift vom 10. Januar 1964 an die Mitglieder des Landtages.

*Laux:* siehe Galette-Laux.

*Lüersen-Neuffer:* Niedersächsische Gemeindeordnung. o. J.

*Mang-Maunz-Mayer-Obermayer:* Staats- und Verwaltungsrecht in Bayern. 1962.

*von Meyer:* Die Reform der Verwaltungsorganisation unter Stein und Hardenberg. 2. Aufl. 1912.

*Moser:* Die Einheit der Verwaltung. BayVBl. 1960 S. 206 ff.

*Müller:* Die Landkreisordnung für Baden-Württemberg. Kommentar. 1955.

*Müller-Heidelberg:* Zur Problematik der Verwaltungsreform in unserer Zeit. Neues Archiv für Niedersachsen 1966 S. 7 ff.

— Der Strukturwandel in Funktion und Organisation der öffentlichen Verwaltung und seine Auswirkungen auf die kommunale Ebene. Kommunalwirtschaft 1959 S. 467 ff.

*Peters:* Die allgemeine Problematik der heutigen Kreisverfassung als Ergebnis geschichtlicher Entwicklung. In: Aktuelle Probleme des Verfassungsrechts im Landkreis. 1953 S. 3 ff.

*Petri:* Gemeindeverfassungsgesetz für das Land Lippe. 1927.

*Reinicke:* Der Landkreis und seine Funktion. 4. Aufl. 1965.

*Reschke:* Aktuelle Einzelprobleme des Kreisverfassungsrechtes. In: Aktuelle Probleme des Verfassungsrechts im Landkreis. 1953 S. 23 ff.

*Rhamm:* Das Staatsrecht des Herzogtums Braunschweig. 1908.

*Rietdorf:* Die Einheit der Verwaltung auf der Kreisebene. DÖV 1955 S. 230 ff.

— Die Organisation der Landesverwaltung in Nordrhein-Westfalen. DÖV 1962 S. 593 ff.

*Rietdorf-Sigulla-Voss:* Handbuch der Landesverwaltung Nordrhein-Westfalen. 1963.

*Rosenthal:* Geschichte des Gerichtswesens und der Verwaltungsorganisation Baierns. Band I, 1889.

*Scheele:* Die untere staatliche Verwaltungsbehörde im Landkreis. In: Die Landkreise in der Bundesrepublik Deutschland. 10 Jahre Aufbauarbeit. Hrsg. vom Verein für Geschichte der deutschen Landkreise e. V. 1955 S. 181 ff.

*Schmid:* Einheit der Verwaltung auf der Kreisebene. DÖV 1954 S. 719 ff.

*Schmidt-Brücken:* Landkreis und untere Verwaltungsbehörde. DVBl. 1951 S. 459 ff.

*Schoen:* Deutsches Verwaltungsrecht. Allgemeine Lehren und Organisation. In: Holtzendorff-Kohler, Enzyklopädie der Rechtswissenschaft. 7. Aufl. Band 4, 1914, S. 193 ff.

*Schöne:* Werden und Sein der preußischen Landkreise als Grundlagen ihrer Zukunft. In: Jeserich, Die deutschen Landkreise. 1937.

*Schücking:* Das Staatsrecht des Großherzogtums Oldenburg (Das öffentliche Recht der Gegenwart, Band XIV). 1911.

*Schunder:* Der Kreis Fritzlar-Homberg. Geschichte der Verwaltung vom 13. Jahrhundert bis zur Gegenwart. 1960.

*von Seydel:* Das Staatsrecht des Königreichs Bayern. 2. Aufl. 1894. [Handbuch des Oeffentlichen Rechts II. 4.]

Staatsvereinfachung in Bayern: Gutachten der Arbeitsgemeinschaft für Staatsvereinfachung. Erster Teil 1955, Zweiter Teil 1957.

*Stadler:* Der Weg zur Selbstverwaltung der bayerischen Landkreise. Festschrift des Landkreisverbandes Bayern. 1962.

*Stein:* Die Stellung der Landkreise, ihre Aufgaben und deren Finanzierung. Dissertation (Marburg) 1960.

*von Stengel:* Die Organisation der preußischen Verwaltung nach den neuen Reformgesetzen. 1884.

*Storz:* Landkreisverwaltung und staatliche Verwaltung im Landkreis nach der Landkreisordnung für Baden-Württemberg. Baden-Württembergisches Verwaltungsblatt 1956 S. 4 ff.

*Tapolski:* Die Entwicklung des Landkreises. In: Jahrbuch für Kommunalwissenschaft 1935, 2. Halbjahresband, S. 53 ff.

*Theilen:* Die oldenburgischen Landkreise. In: Jeserich, Die deutschen Landkreise S. 326 ff.

*Thierfelder:* Die württembergischen Kreisverbände. In: Jeserich, Die deutschen Landkreise S. 132 ff.

*Treibert:* Die Landkreise unter der Herrschaft der Besatzungsmächte. In: Die Landkreise in der Bundesrepublik Deutschland. 1955.

*von Unruh:* Der Landrat. Mittler zwischen Staatsverwaltung und kommunaler Selbstverwaltung. 1966.

— Der Kreis. Ursprung und Ordnung einer kommunalen Körperschaft. 1965.

*Urbanus:* Die Auftragsangelegenheiten der Landkreise. In: Die Landkreise in der Bundesrepublik Deutschland. 1955 S. 188 ff.

*Wagener:* Verwaltung der Kreise in der Industriegesellschaft. Der Landkreis 1966 S. 103 ff.

— Die Städte im Landkreis. 1955.

*Weber,* Karl: Neue Gesetz- und Verordnungssammlung für das Königreich Bayern mit Einschluß der Reichsgesetzgebung. 1880 ff.

*Weber,* Kurt: Abhandlung über die hessischen Kreise. In: Jeserich, Die deutschen Landkreise, S. 275 ff.

*Weber,* Werner: Staats- und Selbstverwaltung in der Gegenwart. 1953.

— Der Staat in der unteren Verwaltungsinstanz. 2. Aufl. 1964.

*Widtmann:* Landkreisordnung für den Freistaat Bayern. 1961.

*Wolff:* Verwaltungsrecht II. 1962.

— Verwaltungsrecht III. 1965.

*Wormit:* Das Kreisverfassungsrecht. Eine vergleichende Darstellung. In: Die Landkreisordnungen in der Bundesrepublik Deutschland. 1960.

Printed by Libri Plureos GmbH
in Hamburg, Germany